DE LA
COMPLICITÉ INTELLECTUELLE

ET DES DÉLITS D'OPINION

DE LA PROVOCATION ET DE L'APOLOGIE CRIMINELLES

DE LA PROPAGANDE ANARCHISTE

Art. 59, 60, du Code Pénal,
Lois des 29 juillet 1881, 12 et 18 décembre 1893, 28 juillet 1894

ÉTUDE PHILOSOPHIQUE ET JURIDIQUE

PAR

M. P. FABREGUETTES

PREMIER PRÉSIDENT A LA COUR D'APPEL DE TOULOUSE
Ancien Procureur général à Nimes et Lyon,
Officier de la Légion d'honneur,
Membre de l'Académie des Sciences, Inscriptions et Belles-Lettres de Toulouse.

PARIS

LIBRAIRIE MARESCQ AÎNÉ
CHEVALIER MARESCQ ET Cie, ÉDITEURS
20, RUE SOUFFLOT, 20

1894-95

DE LA

COMPLICITÉ INTELLECTUELLE

ET DES DÉLITS D'OPINION

DE LA PROVOCATION ET DE L'APOLOGIE CRIMINELLES

DE LA PROPAGANDE ANARCHISTE

DE LA

COMPLICITÉ INTELLECTUELLE

ET DES DÉLITS D'OPINION

DE LA PROVOCATION ET DE L'APOLOGIE CRIMINELLES

DE LA PROPAGANDE ANARCHISTE

Art. 59, 60, du Code Pénal,
Lois des 29 juillet 1881, 12 et 18 décembre 1893, 28 juillet 1894

ÉTUDE PHILOSOPHIQUE ET JURIDIQUE

PAR

M. P. FABREGUETTES

PREMIER PRÉSIDENT A LA COUR D'APPEL DE TOULOUSE
Ancien Procureur général à Nimes et Lyon,
Officier de la Légion d'honneur,
Membre de l'Académie des Sciences, Inscriptions et Belles-Lettres de Toulouse.

PARIS

LIBRAIRIE MARESCQ AÎNÉ
CHEVALIER MARESCQ ET Cⁱᵉ, ÉDITEURS
20, RUE SOUFFLOT, 20

1894-95

TABLEAU

DES

LOIS PÉNALES ACTUELLEMENT EN VIGUEUR

CONTRE LES AUTEURS INTELLECTUELS

I. — Code pénal.

1º Art. 59. — « Les complices d'un crime ou d'un délit seront
« punis de la même peine que les auteurs mêmes de ce crime
« ou de ce délit, sauf les cas où la loi en aurait disposé autre-
« ment. »

Art. 60. — « Seront punis comme complices d'une action
« qualifiée crime ou délit ceux qui par dons, promesses,
« menaces, abus d'autorité ou de pouvoir, machinations ou
« artifices coupables, auront *provoqué* à cette action ou *donné*
« *des instructions* pour la commettre... sans préjudice des pei-
« nes qui seront spécialement portées par le présent Code con-
« tre les auteurs de complots ou de provocations attentatoires
« à la sûreté intérieure ou extérieure de l'État, même dans le
« cas où le crime qui était l'objet des conspirateurs ou des pro-
« vocateurs n'aurait pas été commis. »

2º Art. 124. — *Coalition des fonctionnaires :*

Art. 124. — « Si, par l'un des moyens énoncés ci-dessus
« (article 123), il a été concerté des mesures contre l'exécution
« des lois ou contre les ordres du Gouvernement, la peine sera
« le bannissement.

« Si le concert a eu lieu entre les autorités civiles et les corps
« militaires ou leurs chefs, ceux qui en seront les auteurs ou
« les *provocateurs* seront punis de la déportation ; les autres
« coupables seront bannis. »

3º Art 201 à 208. — *Des critiques, censures ou provocations dirigées contre l'autorité publique dans un discours ou un écrit pastoral publics :*

Art. 201. — « Les ministres des cultes qui prononceront,
« dans l'exercice de leur ministère, et en assemblée publique,
« un discours contenant la critique ou censure du Gouverne-
« ment, d'une loi, d'une ordonnance royale (d'un décret) ou de
« tout autre acte de l'autorité publique, seront punis d'un
« emprisonnement de trois mois à deux ans. »

Art. 202. — « Si le discours contient une *provocation directe*
« *à la désobéissance aux lois ou autres actes de l'autorité*
« *publique, ou s'il tend à soulever aux armes une partie des*
« *citoyens contre les autres,* le ministre du culte qui l'aura
« prononcé sera puni d'un emprisonnement de deux à cinq ans
« *si la provocation n'a été suivie d'aucun effet,* et du bannis-
« sement si elle a donné lieu à la désobéissance, autre toutefois
« que celle qui aura dégénéré en sédition ou révolte. »

Art. 203. — « Lorsque la *provocation aura été suivie d'une*
« *sédition ou révolte,* dont la nature donnera lieu contre l'un
« ou plusieurs des coupables à une peine plus forte que celle
« du bannissement, cette peine, quelle qu'elle soit, sera appli-
« quée au ministre coupable de la provocation. »

Art. 204. — « Tout écrit contenant des instructions pasto-
« rales, en quelque forme que ce soit, et dans lequel un minis-
« tre du culte se sera ingéré de critiquer ou censurer, soit le
« Gouvernement, soit tout acte de l'autorité publique, empor-
« tera la peine du bannissement contre le ministre qui l'aura
« publié. »

Art. 205. — « Si l'écrit mentionné en l'article précédent
« contient une *provocation directe à la désobéissance aux*
« *lois ou autres actes de l'autorité publique, ou s'il tend*
« *à soulever ou armer une partie des citoyens contre le*
« *autres,* le ministre qui l'aura publié sera puni de la dé-
« tention. »

Art. 206. — « Lorsque la *provocation* contenue dans l'écrit
« *aura été suivie* d'une sédition ou révolte dont la nature don-
« nera lieu contre l'un ou plusieurs des coupables à une peine
« plus forte que celle de la déportation, cette peine, quelle
« qu'elle soit, sera appliquée au ministre coupable de *provo-*
« *cation.* »

4° ART. 221. — *Résistance, désobéissance à l'autorité publique :*

ART. 221. — « Les chefs d'une rébellion et *ceux qui l'auront*
« *provoquée* pourront être condamnés à rester, après l'expira-
« tion de leur peine, sous la surveillance spéciale de la haute
« police, pendant cinq ans au moins et dix ans au plus. »

5° ART. 293. — *Associations ou réunions illicites :*

Art. 293. — « Si, par discours, *exhortations, invocations* ou
« prières, en quelque langue que ce soit, ou par lecture, affiche,
« publication ou distribution d'écrits *quelconques,* il a été fait,
« dans ces assemblées, quelque *provocation* à des crimes ou à
« des délits, la peine sera de 100 francs à 300 francs d'amende et
« de trois mois à deux ans de prison, contre les chefs, directeurs,
« administrateurs de ces associations, sans préjudice des pei-
« nés plus fortes qui seraient portées par la loi contre les indi-
« vidus personnellement coupables de la *provocation, lesquels,*
« *en aucun cas, ne pourront être punis d'une peine moindre*
« *que celle infligée aux chefs, directeurs et administrateurs*
« *de l'association.* »

Cet article a été abrogé en ce qui touche les syndicats profes-
sionnels par la loi du 21 mars 1884.

6° ART. 313. — *Réunion séditieuse :*

ART. 313. — « Les crimes et délits prévus dans la présente
« section et dans la section précédente, s'ils sont commis en
« réunion séditieuse, avec rébellion ou pillage, sont imputables
« aux chefs, auteurs, *instigateurs* et *provocateurs* de ces réu-
« nions, rébellions ou pillages, qui sont punis comme coupa-
« bles de ces crimes ou de ces délits et condamnés aux mêmes
« peines que ceux qui les auront personnellement commis. »

7° ART. 438, 440 à 442. — *Destructions, dégradations, dom-
mages :*

ART. 438. — « Quiconque, par des voies de fait, se sera opposé
« à la confection de travaux autorisés par le Gouvernement,
« sera puni d'un emprisonnement de trois mois à deux ans et
« d'une amende qui ne pourra excéder le quart des dommages-
« intérêts, ni être au-dessous de 16 francs.

« Les *moteurs* subiront le *maximum* de la peine. »

ART. 440. — « Tout pillage, tout dégât de denrées ou mar-
« chandises, effets, propriétés mobilières, commis en réunion

« ou bande et à force ouverte, sera puni des travaux forcés à
« temps ; chacun des coupables sera, de plus, condamné à une
« amende de 200 francs à 5.000 francs. »

ART. 441. — « Néanmoins, ceux qui prouveront avoir été
« entraînés par des *provocations* ou *sollicitations* à prendre
« part à ces violences pourront n'être punis que de la peine de
« la réclusion. »

ART. 442. — « Si les denrées pillées ou détruites sont des
« grains, grenailles ou farines, substances farineuses, pain, vin
« ou autre boisson, la peine que subiront les chefs, *instiga-*
« *teurs* ou *provocateurs* seulement, sera le *maximum* des
« travaux forcés à temps et celui de l'amende prononcée par
« l'article 440. »

II. — Lois spéciales.

1º *Loi du 24 mai 1834, article 9,* SUR LES DÉTENTEURS
D'ARMES OU DE MUNITIONS DE GUERRE.

ART. 9, § 2. — « Seront punis de la détention... ceux qui
« auront empêché, à l'aide de violences ou de menaces, la con-
« vocation ou la réunion de la force publique, ou qui auront
« *provoqué* ou facilité le rassemblement des insurgés, soit par
« la distribution d'ordres ou de proclamations, soit par le port
« de drapeaux ou autres signes de ralliement, soit par tout
« autre moyen d'appel... »

2º *Loi du 15 juillet 1845 :* DES MESURES RELATIVES A LA
SURETÉ DE LA CIRCULATION SUR LES CHEMINS DE FER.

ART. 17. — « Si le crime prévu par l'article 16 a été commis
« en réunion séditieuse, avec rébellion ou pillage, il sera impu-
« table aux chefs, auteurs, *instigateurs* et *provocateurs* de
« ces réunions, qui seront punis comme coupables du crime et
« condamnés aux mêmes peines que ceux qui l'auront person-
« nellement commis, *lors même que la réunion séditieuse*
« *n'aurait pas eu pour but direct et principal la destruction*
« *de la voie de fer.* Toutefois, dans ce dernier cas, lorsque la
« peine de mort sera applicable aux auteurs du crime, elle sera
« remplacée, à l'égard des chefs, auteurs, *instigateurs* et *pro-*
« *vocateurs* de ces réunions, par la peine des travaux forcés à
« perpétuité. »

3° *Loi du 7 juin 1848,* SUR LES ATTROUPEMENTS.

ART. 6. — « Toute provocation directe à un attroupement
« armé ou non armé, par des discours proférés publiquement et
« par des écrits ou des imprimés, affichés ou distribués, sera
« punie comme le crime et le délit, selon les distinctions ci-
« dessus établies. Les imprimeurs, graveurs, lithographes,
« afficheurs et distributeurs seront punis comme complices
« lorsqu'ils auront agi sciemment. Si la *provocation* faite par
« les moyens ci-dessus n'a pas été suivie d'effet, elle sera punie,
« s'il s'agit d'une provocation à un attroupement nocturne et
« armé, d'un emprisonnement de six mois à un an; s'il s'agit
« d'un attroupement non armé, l'emprisonnement sera de un
« mois à trois mois. »

4° *Loi du 14 mars 1872 sur* L'INTERNATIONALE.

ARTICLE PREMIER. — « Toute association internationale qui
« aura pour but de *provoquer* à la suspension du travail, à
« l'abolition du droit de propriété, de famille, de patrie, consti-
« tuera... un attentat contre la paix publique... »

5° *Loi du 3 février 1893 complétant les articles 419 et
420 du Code pénal :* PROVOCATIONS POUR LE RETRAIT DES FONDS
DES CAISSES PUBLIQUES.

ARTICLE PREMIER. — « Sera puni des peines prévues par l'ar-
« ticle 420 du Code pénal quiconque, par des faits faux ou
« calomnieux semés à dessein dans le public, ou par des voies
« ou moyens frauduleux quelconques, aura *provoqué* ou *tenté*
« *de provoquer* des retraits de fonds des caisses publiques ou
« des établissements obligés par la loi à effectuer leurs verse-
« ments dans les caisses publiques. » (L'article 463 est appli-
« cable).

6° *Lois du 29 juillet 1881, du 12 décembre 1893, du
28 juillet 1894 :* PROVOCATIONS AUX CRIMES ET DÉLITS.

Loi du 29 juillet 1881, article 23 :

ART. 23. — « Seront punis comme complices d'une action
« qualifiée crime ou délit ceux qui, soit par des discours, cris
« ou menaces proférés dans des lieux ou réunions publics, soit

« par des écrits, des imprimés vendus ou distribués, mis èn
« vente ou exposés dans des lieux ou réunions publics, soit
« par des placards ou affiches exposés aux regards du public,
« auront *directement provoqué* l'auteur ou les auteurs à com-
« mettre ladite action, si la provocation a été suivie d'effet.

« Cette disposition sera également applicable lorsque la *pro-*
« *vocation* n'aura été suivie que d'une tentative de crime pré-
« vue par l'article 2 du Code pénal. »

*Loi du 29 juillet 1881, articles 24 et 25, modifiés par la loi
du 12 décembre 1893 :*

ART. 24. — « Ceux qui, par les moyens énoncés en l'article
« précédent, auront *directement provoqué* soit au vol, soit au
« crime de meurtre, de pillage et d'incendie, soit à l'un des
« crimes punis par l'article 435 du Code pénal, soit à l'un des
« crimes et délits contre la sûreté extérieure de l'État, prévus
« par les articles 75 et suivants, jusques et y compris l'article 85
« du même Code, seront punis, dans le cas où cette *provoca-*
« *tion n'aurait pas été suivie d'effet,* d'un an à cinq ans d'em-
« prisonnement et de 100 à 3,000 francs d'amende.

« Ceux qui, par les mêmes moyens, auront *directement pro-*
« *voqué* à l'un des crimes contre la sûreté intérieure de l'État,
« prévus par les articles 86 et suivants, jusques et y compris
« l'article 101 du Code pénal, seront punis des mêmes peines.

« Seront punis de la même peine ceux qui, par l'un des
« moyens énoncés en l'article 23, auront fait l'*apologie* des cri-
« mes de meurtre, de pillage, ou d'incendie, ou de vol, ou de
« l'un des crimes prévus par l'article 435 du Code pénal.

« Tous cris ou chants séditieux proférés dans des lieux ou
« réunions publics seront punis d'un emprisonnement de six
« jours à un mois et d'une amende de 16 francs à 500 francs,
« ou de l'une de ces deux peines seulement. »

ART. 25. — « Toute *provocation* par l'un des moyens énon-
« cés en l'article 23, adressée à des militaires des armées de
« terre ou de mer, dans le but de les détourner de leurs devoirs
« militaires et de l'obéissance qu'ils doivent à leurs chefs, dans
« tout ce qu'ils commandent pour l'exécution des lois et règle-
« ments militaires, sera punie d'un emprisonnement d'un à six
« mois et d'une amende de 15 francs à 100 francs. »

CHAPITRE V. — Des Poursuites et de la Répression.

§ 2. — *De la procédure.*

A. — Cour d'assises.

Art. 49. — « Immédiatement après le réquisitoire, le juge
« d'instruction pourra, mais seulement en cas d'omission du
« dépôt prescrit par les articles 3 et 10 ci-dessus, ordonner la
« saisie de quatre exemplaires de l'écrit, du journal ou du des-
« sin incriminé.

« Toutefois, dans les cas prévus aux articles 24, §§ 1 et 3, et
« 25 de la présente loi, la saisie des écrits ou imprimés, des pla-
« cards ou affiches aura lieu conformément aux règles édictées
« par le Code d'instruction criminelle. Si le prévenu est domi-
« cilié en France, il ne pourra être arrêté, sauf dans les cas
« prévus aux articles 23, 24, §§ 1 et 3, et 25 ci-dessus.

« S'il y a condamnation, l'arrêt pourra, dans les cas prévus
« aux articles 24, §§ 1 et 3, et 25, prononcer la confiscation des
« écrits ou imprimés, placards ou affiches saisis et, dans tous
« les cas, ordonner la saisie et la suppression ou la destruction
« de tous les exemplaires qui seraient mis en vente, distribués
« ou exposés aux regards du public.

« Toutefois, la suppression ou la destruction pourra ne s'ap-
« pliquer qu'à certaines parties des exemplaires saisis.

Loi du 25 juillet 1894 CONTRE LES MENÉES ANARCHISTES.

ARTICLE PREMIER. — « Les infractions prévues par les arti-
« cles 24, paragraphes 1 et 3, et 25 de la loi du 29 juillet 1881,
« modifiés par la loi du 12 décembre 1893, sont déférés aux tri-
« bunaux de police correctionnelle lorsque ces infractions ont
« pour but un acte de propagande anarchiste. »

ART. 2. — « Sera déféré aux tribunaux de police correction-
« nelle et puni d'un emprisonnement de trois mois à deux ans,
« et d'une amende de 100 à 2,000 francs, tout individu qui, en
« dehors des cas visés par l'article précédent, sera convaincu
« d'avoir, dans un but de propagande anarchiste :

« 1º Soit par *provocation*, soit par *apologie* des faits spécifiés

« auxdits articles, *incité* une ou plusieurs personnes à com-
« mettre soit un vol, soit les crimes de meurtre, de pillage,
« d'incendie, soit les crimes punis par l'article 435 du Code
« pénal;

« 2º Adressé une *provocation* à des militaires des armées de
« terre ou de mer dans le but de les détourner de leurs devoirs
« militaires et de l'obéissance qu'ils doivent à leurs chefs dans ce
« qu'ils leur commandent pour l'exécution des lois et règle-
« ments militaires et la défense de la Constitution républicaine.

« Les pénalités prévues au paragraphe 1er seront appliquées,
« même dans le cas où la *provocation* adressée à des militaires
« des armées de terre ou de mer n'aurait pas le caractère d'un
« acte de propagande anarchiste; mais, dans ce cas, la pénalité
« accessoire de la relégation, édictée par l'article 3 de la pré-
« sente loi, ne pourra être prononcée.

« La condamnation ne pourra être prononcée sur l'unique
« déclaration d'une personne affirmant avoir été l'objet des
« incitations ci-dessus spécifiées, si cette déclaration n'est
« corroborée par un ensemble de charges démontrant la culpa-
« bilité et expressément visées dans le jugement de condam-
« nation.

« Art. 3. — La peine accessoire de la relégation pourra être
« prononcée contre les individus condamnés en vertu des arti-
« cles 1 et 2 de la présente loi à une peine supérieure à une
« année d'emprisonnement et ayant encouru, dans une période
« de moins de dix ans, soit une condamnation à plus de trois
« mois d'emprisonnement pour les faits spécifiés auxdits arti-
« cles, soit une condamnation à la peine des travaux forcés, de
« la réclusion ou de plus de trois mois d'emprisonnement pour
« crime ou délit de droit commun. »

Art. 4. — « Les individus condamnés en vertu de la présente
« loi seront soumis à l'emprisonnement individuel sans qu'il
« puisse résulter de cette mesure une diminution de la durée
« de la peine. Les dispositions du présent article seront applica-
« bles pour l'exécution de la peine de la réclusion ou de l'em-
« prisonnement prononcée en vertu des lois du 18 décembre
« 1893 sur les associations de malfaiteurs et la détention illégi-
« time d'engins explosifs. »

« Art. 5. — Dans les cas prévus par la présente loi et dans
« tous ceux où le fait incriminé a un caractère anarchiste, les

« cours et tribunaux pourront interdire, en tout ou partie, la
« reproduction des débats, en tant que cette reproduction pour-
« rait présenter un danger pour l'ordre public.

« Toute infraction à cette défense sera poursuivie conformé-
« ment aux prescriptions des articles 42, 43, 44 et 49 de la loi
« du 29 juillet 1881 et sera punie d'un emprisonnement de six
« jours à un mois et d'une amende de 1,000 à 10,000 francs.

« Sera poursuivie, dans les mêmes conditions et passible des
« mêmes peines, toute publication ou divulgation, dans les cas
« prévus au paragraphe 1 du présent article, de documents ou
« actes de procédures spécifiés à l'article 38 de la loi du 29 juil-
« let 1881. »

ART. 6. — « Les dispositions de l'article 463 du Code pénal
« relatif aux circonstances atténuantes seront applicables à la
« présente loi. »

7º *Décret du 20 juillet 1894.*

« Le Président de la République française,
« Vu l'avis du Gouverneur général de l'Algérie ;
« Sur la proposition du Président du Conseil, Ministre de
« l'Intérieur et des Cultes, et du Garde des Sceaux, Ministre de
« la Justice,

« Décrète :

« La loi du 28 juillet 1894 sur la répression des menées anar-
« chistes est déclarée applicable à l'Algérie. »

8º *Loi du 18 décembre 1893* SUR LES ASSOCIATIONS DE MAL-
FAITEURS.

ARTICLE PREMIER. — « Les articles 265, 266, 267 du Code
« pénal sont remplacés par les dispositions suivantes :

ART. 265. — « Toute association formée, quelle que soit sa
« durée ou le nombre de ses membres, toute entente établie
« dans le but de préparer ou de commettre des crimes contre
« les personnes ou les propriétés constituent un crime contre
« la paix publique. »

ART. 266. — « Sera puni de la peine des travaux forcés à
« temps quiconque se sera affilié à une association formée, ou
« aura participé à une entente établie dans le but spécifié à l'ar-
« ticle précédent. La peine de la relégation pourra en outre

« être prononcée, sans préjudice de l'application des disposi-
« tions de la loi du 30 mai 1854 sur l'exécution de la peine des
« travaux forcés. Les personnes qui se seront rendues coupa-
« bles du crime mentionné dans le présent article seront
« exemptes de peine si, avant toute poursuite, elles ont révélé
« aux autorités constituées l'entente établie ou fait connaître
« l'existence de l'association. »

ART. 267. — « Sera puni de la réclusion quiconque aura
« sciemment et volontairement favorisé les auteurs des crimes
« prévus à l'article 265 en leur fournissant des instruments de
« crime, moyens de correspondance, logement ou lieu de réu-
« nion. Le coupable pourra, en outre, être frappé, pour la vie ou
« à temps, de l'interdiction de séjour établie par l'article 19 de
« la loi du 27 mai 1885. Seront toutefois applicables au coupa-
« ble des faits prévus par le présent article les dispositions
« contenues dans le § 3 de l'article 266. »

L'article 268 du Code pénal est abrogé.

Loi du 18 décembre 1893 SUR LES EXPLOSIFS.

ARTICLE UNIQUE. — « L'article 3 de la loi du 19 juin 1871 est
« modifié ainsi qu'il suit : Tout individu, fabricant ou déten-
« teur, sans autorisation et sans motifs légitimes, de machines
« ou engins meurtriers ou incendiaires agissant par explosion
« ou autrement, ou d'un explosif quelconque, quelle que soit
« sa composition ;

« Tout individu, fabricant ou détenteur, sans motifs légiti-
« mes, de toute autre substance destinée à entrer dans la com-
« position d'un explosif, sera puni d'un emprisonnement de
« six mois à cinq ans et d'une amende de 50 à 3,000 francs.

III. — Code militaire de l'armée de terre et de l'armée de mer des 9 juin 1857 et 4 juin 1858.

ART. 208. — « Est considéré comme embaucheur et puni de
« mort tout individu convaincu d'avoir *provoqué* des militaires
« à passer à l'ennemi ou aux rebelles armés, de leur en avoir
« sciemment facilité les moyens, ou d'avoir fait des enrôle-
« ments pour une puissance en guerre avec la France. — Si le

« coupable est militaire, il est en outre puni de la dégradation
« militaire. »

Art. 242. — « Tout militaire qui *provoque* ou favorise la
« désertion est puni de la peine encourue par le déserteur,
« selon la distinction établie au présent chapitre. — Tout indi-
« vidu non militaire ou non assimilé aux militaires qui, sans
« être embaucheur pour l'ennemi ou pour les rebelles, *pro-*
« *voque* ou favorise la désertion, est puni par le tribunal com-
« pétent d'un emprisonnement de deux mois à cinq ans. »

Art. 265. — (Reproduction de l'art. 208.)

Art. 321. — (Reproduction de l'art. 242.)

DE LA COMPLICITÉ INTELLECTUELLE

ET DES DÉLITS D'OPINION

DE LA PROVOCATION & DE L'APOLOGIE CRIMINELLES

DE LA PROPAGANDE ANARCHISTE

ARTICLES 59, 60 DU CODE PÉNAL

LOIS DES 29 JUILLET 1881, 12-18 DÉCEMBRE 1893, 28 JUILLET 1894

———

AVANT-PROPOS.

Nous nous occupons exclusivement, dans cette étude, des auteurs *intellectuels et moraux* des crimes et délits, c'est-à-dire des *provocateurs*, des *fauteurs*, *propagateurs* ou *incitateurs*, des *glorificateurs* d'actions réprimées par nos lois.

Il s'agit donc ici d'une participation *purement psychologique.*

De tout temps, les *instigateurs*, les *moteurs* ont été regardés, sinon comme des auteurs principaux (ce qui serait plus vrai), du moins comme des complices.

Des infractions dont nous donnons le texte, nous n'examinerons ici que les articles 59-60 du Code pénal, et les lois des 29 juillet 1881, 12-18 décembre 1893, 28 juillet 1894 [1].

---

1. Nous renvoyons pour les autres à notre traité des *Infractions de la parole, dè l'écriture et de la presse*, nos 709 et suivants, et aux divers traités de Code pénal.

PREMIÈRE PARTIE

ÉTUDE DE PHILOSOPHIE PÉNALE. — APERÇUS GÉNÉRAUX.

TITRE I.

DE LA LIBERTÉ DE PENSER ET DE LA MANIFESTATION DES OPINIONS.

La Révolution française a consacré, dans l'article 11 de la Constitution de 1791, la liberté de penser et de manifester sa pensée, mais en même temps les abus de cette liberté étaient prévus et punis :

« La libre communication des pensées et des opinions est un des droits les plus précieux de l'homme; tout citoyen peut donc parler, écrire, imprimer librement, sauf à répondre de l'abus de cette liberté, dans les cas déterminés par la loi. »

La Déclaration des Droits de l'homme, dans l'article 17, s'exprime ainsi : « Nul homme ne pourra être recherché ni « poursuivi pour raison des écrits qu'il aura fait imprimer « ou publier, sur quelque matière que ce soit, si ce n'est « qu'il ait *provoqué à dessein* à la désobéissance à la loi, « l'avilissement des pouvoirs constitués, la résistance à leurs « actes, ou quelqu'une des actions déclarées crimes ou dé- « lits par la loi. »

Plus de délits d'opinion, tel était le principe posé; mais Mirabeau ajoutait avec raison : « Libre dans ses pensées et « même dans ses manifestations, le citoyen a le droit de les « répandre par la parole, par l'écriture, par l'impression, « *sous la réserve expresse de ne pas porter atteinte aux* « *droits d'autrui* [1]. »

---

1. L'Assemblée constituante ne tarda pas à appliquer ces principes dans le décret du 18 juillet 1791 :

ARTICLE PREMIER. — « Toutes personnes qui auront *provoqué* le

La liberté de penser est un droit primordial qui ne relève que du for intérieur, où elle s'identifie avec la liberté de conscience.

Quant à la faculté d'exprimer au dehors la pensée libre qui a pris naissance en notre esprit, elle est subordonnée à des circonstances complexes qui ne dépendent pas de nous.

CHAPITRE PREMIER.

DE LA RESPONSABILITÉ PHILOSOPHIQUE.

Rien n'est plus ardu que de concilier les nécessités de la préservation sociale avec les droits de la pensée humaine. Entre l'inquisition monstrueuse et la tutelle morale légitime il n'y a qu'un point géométrique.

La société a renoncé, successivement, à sauvegarder par des sanctions les dogmes scientifiques, philosophiques et religieux. Elle a affaibli aussi, au nom de la liberté, les dogmes politiques; mais doit-elle abandonner les dogmes purement sociaux?

L'état peut changer comme forme politique, mais les conditions de son existence même, en tant que société, doit-il souffrir qu'on les désagrège?

Le législateur n'a pas, dit-on, pour mission directe de faire régner la morale ni Dieu; son rôle, c'est d'assurer la justice et le respect des droits stricts.

Il n'y a de délit punissable qu'autant qu'il s'agit d'un fait

« meurtre, le pillage, l'incendie, ou *conseillé formellement* la déso-
« béissance à la loi, soit par des placards ou affiches, soit par des
« écrits publiés ou colportés, soit par des discours tenus dans des
« lieux ou assemblées publiques seront arrêtées ... sur-le-champ et
« remises aux tribunaux. »
ART. 2. — « Tout homme qui dans un attroupement ou émeute
« aura fait entendre un cri de *provocation* au meurtre sera puni de
« trois ans de chaîne si le crime ne s'en est pas suivi, et comme
« complice du meurtre, s'il a eu lieu. »
ART. 3. — « Tout cri contre la garde nationale, la force publique
« en fonctions, tendant à lui faire déposer ses armes, est un cri de
« sédition et sera puni d'un emprisonnement qui ne pourra excéder
« deux années. »

positif et certain, constitutif d'un mal ou préjudice véritable, commis avec connaissance de cause contre l'utilité sociale représentée par les droits des particuliers et de la société[1].

On dit que les idées abstraites, spéculatives, n'ont aucun rapport avec les actions. On ajoute qu'en philosophie l'esprit de recherche doit être absolu. On a le mètre comme mesurè physique; personne ne peut prétendré au mètre moral.

Mais est-ce que vraiment la science, la philosophie, la politique travaillent sur des matières inertes? L'idée n'est-elle pas, presque constamment, unie au fait? Il importe peu que le fait, correspondant à l'idée, se produise, immédiatement ou plus tard, sous son influence. La tendance de l'idée, c'est sa réalisation même, et il n'est pas vrai de dire : *Post hoc, non propter hoc.*

Il n'y a pas de système philosophique qui n'ait ses suites au dehors de l'école, et cela, quel que soit l'amour désintéressé de la vérité qui anime les philosophes, auteurs des diverses doctrines.

Résignons-nous à admettre la liberté absolue de la science et de la philosophie. Aucune illusion à se faire, car la conséquence inéluctable du naturalisme moderne (du *phénoménisme,* du *déterminisme,* du *pessimisme,* de l'*utilitarisme,* de l'*associationisme,* du *positivisme,* du *physiologisme,* de la thèse *psycho-physique*), c'est l'anéantissement de la morale.

Aussi, qu'est-ce que la société? une monstrueuse convention. La conscience? une chimère. La famille? un stupide préjugé. L'au delà? une pure invention. Le propriétaire? un individu à supprimer.

---

1. Tous les criminalistes s'accordent à reconnaître que tels sont les caractères qui déterminent en droit commun rationnel les infractions que le législateur doit punir. Il est incontestable que la détermination des délits et des peines est une question de droit naturel privé et public, dont la solution peut varier suivant le temps, les mœurs, les croyances religieuses et autres. On peut discuter, et souvent avec une très grande force, sur les inconvénients d'ériger en désir tel acte ou tel fait. Nous venons de donner le vrai critérium.

C'est l'anarchie morale.

Cette conséquence, tous les penseurs l'admettent[1].

On a fait de la liberté scientifique, philosophique, une véritable religion.

Plus de délits d'attaque contre la morale, plus d'outrage contre la morale publique et religieuse[2], plus de morale,

1. Un des éminents philosophes de ce temps, M. Schérer, ne l'a pas caché, tout en professant la théorie de la liberté sans limites : « Ce « serait faire injure au lecteur que de prendre la peine de lui signaler « les conséquences d'une pareille manière d'envisager l'homme et son « activité, si, comme elle a tout l'air d'en prendre le chemin, elle par-« venait à s'établir dans les esprits. On ne peut se figurer une révolu-« tion plus complète des notions qui passaient jusqu'ici pour élémen-« taires. La conscience humaine en serait altérée dans son fond, même « dans son principe. L'homme moral, l'être responsable aurait disparu « pour faire place à un produit de la nature. Il ne ferait plus ce qu'il « doit, mais ce qu'il peut. Il n'agirait plus, il se regarderait agir. Il « ne verrait plus, il se verrait vouloir. La personnalité s'évanouit, « elle n'a plus que la valeur d'une impression. L'entité humaine, le « *moi* volontaire, l'*ego* a disparu. La vie ressemble à une flamme « qui se saurait lumineuse ; mais on souffle la bougie : où donc est la « flamme ?... Et cependant, avec le phénoménisme même, il y a encore « moyen de s'entendre... L'homme sur lequel l'idée du devoir, de « l'obligation morale, de la conscience, a le moins de prise, c'est « celui qui tient le monde pour une simple comédie à cent actes « divers... C'est celui-là plus qu'aucun autre qui me semble imper-« méable à l'idée morale. Que lui parlez-vous d'obligation et d'effort, « de péché et de conversion ? Ce qui vous paraît, à vous, les choses « les plus profondes de l'âme, les intérêts supérieurs de l'humanité, « ne sont pour lui que le ragoût d'un plaisir... Sachons voir les « choses comme elles sont. La morale, la vraie, l'ancienne, l'impé-« rative a besoin de l'absolu ; elle aspire à la transcendance, elle ne « trouve son point d'appui qu'en Dieu. La conscience est comme le « cœur. Il lui faut un au delà. Le devoir n'est rien s'il n'est sublime « et la vie devient chose frivole si elle n'implique des relations « éternelles... Je vois aujourd'hui disparaître une grande partie de ce « que l'humanité tenait jadis pour des titres de noblesse. Ce mouve-« ment me paraît inévitable ; les tentatives faites pour l'arrêter me « semblent vaines. Mais la fatalité avec laquelle il s'accomplit ne fait « pas que j'en éprouve plus de satisfaction... On confond l'évolution « et le progrès ; mais la mort, c'est encore de l'évolution. »

2. Nous avons approuvé la suppression de ce délit. Voir notre Étude sur les *outrages aux bonnes mœurs*, pages 34 à 36 ; mais nous avons regretté que les bonnes mœurs ne soient pas mieux pro-tégées.

plus de Dieu ! C'est presque la brutale maxime de Blanqui :
« Ni Dieu ni maître ! »

Bien des craintes viennent m'assaillir devant cette théorie
triomphante. Elles sont devenues grandes à la lecture et à
la méditation du *Disciple*, de Bourget, un des plus beaux
livres de notre époque. Dans la préface et dans le roman,
j'ai trouvé l'analyse la plus puissante, la plus démonstrative
de la complicité morale, de la solidarité de l'écrivain et du
criminel.

Certes, cette constatation, poussée à l'extrême, aboutirait
à la suppression d'un nombre incalculable de livres. Mais
qu'on lise le roman russe *Crime et Châtiment*, chef-d'œuvre
de Dotoïewski, on se confirmera entièrement dans les appré-
hensions dont je viens de parler.

Il faut se pénétrer de cette vérité expérimentale que, jamais, personne n'a été préservé des séductions des vices par
leur peinture. De même, les misères de l'état social, repré-
sentées et grossies, exaspèrent ceux qui en souffrent ou
croient en souffrir. On avive les plaies, on excite la fureur, et
personne ne prend garde s'il y a un châtiment. Seules, les
suggestions malsaines exercent leur empire. Le livre de
Dotoïewski est un manuel admirable de l'assassinat.

Quelle que soit l'intention de leurs auteurs, il existe ainsi
des livres criminels et pervers qui tuent aussi sûrement
qu'un poignard, dès que leurs pages jettent un germe dans
certains cerveaux.

Nous ne parlons que de ce roman, parce que Mᵉ Horn-
bostel nous a révélé, à la Cour d'assises, que c'était le livre
de chevet d'Émile Henry et que son client y avait trouvé la
théorie du meurtre et du vol, justifiée par des arguments
irrésistibles.

Dans le procès de l'attentat du *Liceo*, à Barcelone, il a été
démontré que Santiago Salvador, l'auteur de cet horrible
crime, avait reçu, surtout, son impulsion de la lecture de la
brochure italienne de Malatesta : *Fra Contadini* (aux paysans).

Caserio a également puisé sa résolution dans les écrits

révolutionnaires, et, chez tous les anarchistes arrêtés, on trouve des monceaux de brochures et de journaux révolutionnaires.

CHAPITRE II.

DES DOCTRINES ANTISOCIALES ET DES DISPOSITIONS QUI PROTÉGEAIENT, AVANT 1881, LA PROPRIÉTÉ, LA FAMILLE, LA SOCIÉTÉ.

Nous sommes, avec cela, revenus aux rhéteurs, aux sophistes, aux démagogues athéniens. Après Cléon, on l'a dit, c'est Gorgias. Des sophismes, vieux comme le monde, sont reçus aujourd'hui, à l'égal de révélations. La multitude, ignorante, écoute docilement ces nouveaux prophètes qui flattent ses passions et lui tracent une voie nouvelle et inconnue.

Deux choses avaient singulièrement servi la propagande dissolvante des sophistes et des démagogues athéniens. D'abord, la foi naïve des premiers âges s'était à peu près évanouie, et comme les idées de patrie et d'obligation morale n'avaient jamais été séparées, dans le monde antique, de l'idée religieuse, la ruine de celle-ci entraînait fatalement celle des deux autres. Puis les systèmes philosophiques qui avaient prétendu remplacer, dans les intelligences cultivées, les conceptions grossièrement anthropomorphistes du paganisme, se détruisaient par leur multiplicité même. On opposait Démocrite à Héraclite, Parménide d'Élée à Pythagore. Comment, dès lors, la jeunesse n'aurait-elle pas été séduite par les beaux parleurs, maîtres en l'art d'agencer les figures et les périodes, soutenant que l'on avait le droit, suivant les circonstances et l'intérêt du moment, de plaider le pour ou le contre, que la sensation individuelle était l'unique critérium, et que l'on devait, sans souci des traditions ni des lois, s'efforcer à la rendre aussi agréable que possible? Pour triompher de cette dialectique ingénieuse et mortelle, il fallut que Socrate et ses disciples découvrissent, dans l'âme elle-même, des principes inébranlables sur lesquels pût se fonder la réflexion et se régler la conduite.

Or, ne traversons-nous pas une crise assez analogue? Les coups de l'esprit critique et positif n'ont pas seulement porté sur les théologies proprement dites, mais aussi sur les bases de toute morale. Dans l'élite et dans la multitude, ce qui avait fait jusqu'ici le ressort de la volonté, ce qui apportait la consolation et l'espoir, a été plus ou moins altéré et dissipé. Plus d'idéal supérieur, donc plus de motif pour élever les regards au-dessus des réalités ambiantes, pour lutter, pour aimer, pour se dévouer. D'où la concurrence effrénée des appétits, l'âpre désir de les satisfaire sur-le-champ coûte que coûte, et, en cas d'insuccès, la haine aveugle, stupide, presque bestiale, contre une société qui ne donne pas ce qu'on lui demande et en dehors de laquelle on n'aperçoit plus rien [1].

Cette éclosion, cet épanouissement des doctrines antisociales se rattachent non seulement à des causes tenant à l'être moral, mais aussi à des causes matérielles et objectives.

CHAPITRE III.

DU SOCIALISME ET DU COLLECTIVISME RÉVOLUTIONNAIRES. LEURS RAPPORTS AVEC L'ANARCHISME.

Qui peut se dire, de notre temps, démocrate sincère sans être socialiste? Mais il faut s'entendre!

Nous croyons à la nécessité du capital, nous le voulons comme un des buts et un des leviers principaux de l'activité humaine. Le capital doit, en revanche, accorder au travail tous les sacrifices compatibles avec son existence même.

Nous cherchons le rapprochement des classes et non leur lutte. Depuis la Révolution, il n'y a plus de cadres fermés, de hiérarchies artificielles : il n'y a que des citoyens.

Le progrès républicain consiste à développer, sans cesse, la justice sociale et le grand devoir de solidarité inscrits dans notre immortelle devise.

1. Voir journal *le Temps*, du 22 juillet 1894.

Mais en s'attachant à cette œuvre il faut frapper de lois rigoureuses et d'une application sûre, continue, ceux qui déguisent le vol et l'assassinat sous les euphémismes de restitution, de reprise individuelle, de vengeance sociale, d'expropriation violente.

La sécurité des citoyens, la conservation sociale sont à ce prix. Sans doute, au point de vue de l'évolution des sociétés, on s'aperçoit qu'il y a des tournants d'histoire, des phases humaines, dans lesquelles l'humanité, pour continuer sa marche en avant, a recouru, par la force, à des transformations complètes de la propriété.

Ainsi, ce n'est que par l'expropriation successive des seigneurs féodaux qu'a pu se constituer, par l'abolition du servage, la destruction des fiefs.

De même en 1789, 1793, la bourgeoisie a fait son avènement par le renversement de l'ancien régime, la confiscation des biens de la noblesse et du clergé.

Les grandes révolutions ont été considérées comme des œuvres de restitution et de justice, et ainsi l'expropriation a été la condition même du progrès historique.

Aussi il n'entre pas dans notre pensée de contester aux écoles socialistes la libre discussion des doctrines. Au temps où *la provocation à la désobéissance aux lois, les attaques contre le principe de propriété et les droits de la famille, l'excitation à la haine et au mépris des citoyens les uns contre les autres* (délits aujourd'hui abrogés) existaient, jamais on n'a soutenu rien de pareil. Il n'est pas sans intérêt de revenir sur ces délits, tout abrogés qu'ils soient. Voici comment on les motivait[1] :

---

1. 1º *Provocation à la désobéissance aux lois et attaques contre le respect dû aux lois et l'inviolabilité des droits qu'elles ont consacrés.*

A l'occasion du premier de ces délits, M. de Serre disait, en 1819 : « Contester la justice et même la convenance d'une loi est une chose permise »; et M. de Salvandy ajoutait, en 1835 : « Nous n'avons jamais « entendu dire que les citoyens ne pourraient pas discuter les lois, « qu'ils ne pourraient pas dire que telle loi devrait être modifiée. » Mais autre chose est discuter les lois pour provoquer leur améliora-

Nous n'avons pas ici à dénombrer les écoles socialistes ni à décrire le collectivisme. Il suffit de constater qu'ils veulent nationaliser les biens, c'est-à-dire remettre, sans rachat

tion ou leur suppression, autre chose est de s'attaquer au principe de leur autorité de manière à les rendre odieuses et de provoquer leur violation. Quelque injuste que soit une loi, on doit s'incliner devant elle. Qu'il soit permis d'en demander la revision ou l'abrogation, cela est incontestable, pourvu que ce soit avec convenance et respect, et sans tendre à affaiblir le principe d'autorité qui est toujours en elle.

L'attaque au respect dû aux lois diffère de la provocation à la désobéissance en ce que, dans la première, on nie leur légitimité ou leur équité et que, dans la seconde, on excite à sa désobéissance. Au fond, ces deux délits cependant s'appliquent au même objet, et le premier ne se différencie du second qu'en ce qu'il porte indirectement à la désobéissance tandis que l'autre y pousse tout droit.

Devant la Chambre des pairs, en 1835, M. de Barante s'exprimait ainsi : « Si des discussions abstraites ou philosophiques qui ne « s'adressent pas aux passions, qui n'ont pas un caractère d'excita-« tion pouvaient être poursuivis, ce serait une extension erronée et « vexatoire qui n'est pas dans l'intention de la loi — attaquer le res-« pect dû aux lois, c'est contester leur légitimité, nier leur force obli-« gatoire, les flétrir de qualifications offensantes. »

Comparez : Rousset, nos 1074, 1553 ; Chassan, t. I, p. 329 ; Dalloz, vo *Presse*, no 600.

On a vu plus haut que la Constitution de 1791 prévoyait la désobéissance à la loi.

2o *Attaques contre le principe de la propriété et les droits de la famille.*

M. Eugène Pelletan, dans son rapport sur la loi du 29 juillet 1881, a dit : « Rassurons-nous sur le compte de la propriété ; elle ne court « aucun danger. La charrue du paysan l'a écrite si avant dans le sol « que le vent d'aucune utopie ne saurait effacer son titre de proprié-« taire ! »

Mais il n'y a pas que la propriété rurale !

« Nous ne voulons pas, disait, en 1848, M. Jules Favre (un des au-« teurs de l'amendement relatif au principe de la propriété), porter « atteinte à la discussion philosophique ; — nous entendons qu'elle « demeure entière, qu'aucune loi ne la puisse empêcher de se produire « librement... toute espèce de théorie pourra être développée sur la « législation civile et criminelle. Mais lorsque dans la polémique des-« cendront des attaques ardentes s'adressant aux passions, nous vou-« lons que les bases de la société soient respectées et que des nova-« teurs du genre de ceux que vous avez entendus (Proudhon), ne « puissent pas impunément soulever dans leur pays le fléau de la « guerre civile. »

C'est dans ce sens qu'en 1835 se prononçaient MM. de Salvandy et aucun, la nation en possession de ce qu'on soutient lui avoir été enlevé sans droit.

. Diverses écoles socialistes et le collectivisme sont ainsi nettement révolutionnaires.

A la Chambre, M. Jules Guesde a dit (séance du 19 juillet 1894) : « La théorie du vol préconisée par les « anarchistes n'a rien à voir avec ces grands actes de justice « sociale, accomplis par la nation elle-même, maîtresse des « pouvoirs publics et faisant la loi. Quand la nation a pro- « noncé, quand elle met sa main sur ce qu'elle considère « comme les organes nécessaires de la vie sociale, comme « une propriété, en dehors de laquelle il n'y a pas d'exis- « tence humaine ; le jour où, dans son droit de souverain, « le peuple légifère en ce sens, il fait œuvre de justice, de « restitution, de libération. »

Tout cela, nous l'accordons, c'est de la discussion ; on ne saurait le proscrire sans créer le délit d'opinion. La pensée doit librement se manifester.

Dans le même discours, M. Guesde a ajouté :

« On calomnie le socialisme quand on le représente

Berville. La provocation directe au vol, l'apologie du vol, ne remplacent pas suffisamment ces délits.

3° *Excitation à la haine et au mépris des citoyens les uns contre les autres de nature à troubler la paix publique.*

M. Eugène Pelletan a dit, en 1881 : « Les mœurs publiques font jus- « tice de ces excitations si elles n'y font obstacle. Haïr n'est pas un « délit ; mépriser encore moins. Comment donc l'excitation à l'un ou « à l'autre de ces sentiments pourrait-elle être délictueuse ? On ne « décrète pas l'estime ou l'affection, on ne saurait interdire le mépris « ou la haine. »

Comme si, la diffamation, punissable lorsqu'elle s'applique à un simple particulier, ne devenait pas plus grave en visant, non plus des individualités, mais les bourgeois, les capitalistes, les industriels, les propriétaires, les banquiers, les juifs, etc., etc., des gens qualifiés de riches privilégiés.

Il n'y a pas de citoyen qui possède qui ne se dise, — en lisant bien des discours et des articles, — comme le beau-père de la comédie pour le contrat de mariage : « On ne parle que de ma mort. »

Ce que la loi punissait, avec raison, c'était l'exploitation des sourdes colères et des mauvaises passions. (Voir la note 2, à la page 77, *infrà*.)

« comme le père de l'anarchisme. Entre les deux doctrines
« il n'y a point filiation, mais, au contraire, antithèse
« directe. Car les violences individuelles contre les person-
« nes et les choses, auxquelles se livrent les anarchistes, ne
« peuvent qu'éloigner du but poursuivi par les socialistes,
« à savoir la réorganisation méthodique de la société sui-
« vant les principes du collectivisme. »

Il y a, certainement, une opposition théorique entre l'anarchisme et le socialisme. L'un exalte l'individu et veut détruire l'État; l'autre, à l'inverse, tend à étouffer l'initiative
individuelle en établissant l'omnipotence de l'État. Nous ne
contestons pas davantage que les attentats anarchistes, par
la réprobation qu'ils soulèvent et par la répression qu'ils imposent, ne gênent singulièrement la propagande socialiste.
Enfin, nous ne suspectons point la sincérité de M. Jules
Guesde et de ses amis affirmant leur horreur pour des crimes comme ceux de Ravachol, d'Émile Henry ou de Caserio.

Mais là n'est pas la véritable question. Il ne s'agit pas de
se placer au point de vue philosophique et abstrait, ni de
considérer les tendances et les vœux des professeurs de collectivisme.

La propagande socialiste, dès qu'elle fait appel aux moyens
révolutionnaires, dès qu'elle prêche l'expropriation violente,
le mépris des lois, dès qu'elle excite contre des citoyens,
devient criminelle. Les socialistes révolutionnaires ne se
contentent pas de discuter la propriété, ils provoquent au
pillage et à la destruction de la propriété.

Ils ne se bornent pas à montrer les intérêts opposés « des
classes » entre elles, pour nous servir de leur vocabulaire;
ils déclarent que leur politique, c'est la guerre de classes.

S'ils se résignent à se servir des moyens constitutionnels
et légaux, tels que le vote, ils n'en proclament pas moins
que ce n'est que comme pis-aller, et qu'ils se réservent le
droit d'avoir recours à la force, quand, où et comment il
leur plaira.

Les mêmes socialistes excitent les grévistes à imiter les

assassins de Watrin, à interdire, par la force, le droit de travailler aux indépendants des meneurs de syndicats ; ils essaient de susciter des vengeurs de Fourmies, et ils célèbrent le 1ᵉʳ mai, le 28 mai, aux cris de : Vive la Commune!

Dans la pratique, il est difficile, sinon impossible, de distinguer entre les provocations de plume et de parole commises par les ennemis de la propriété individuelle ou les ennemis de l'individu ; par ceux qui menacent les choses appartenant à des hommes ou ceux qui menacent également hommes et choses.

N'y a-t-il pas connexité évidente entre la prédication des uns et des autres? L'un déclare que tout propriétaire est un voleur, tout bourgeois est un exploiteur s'enrichissant de la misère du plus grand nombre, tout capitaliste est une sangsue du peuple. Il faut donc rendre à la collectivité les biens détournés par le propriétaire, le bourgeois, le capitaliste. L'autre, tenant pour établies les accusations du frère socialiste, se fait l'exécuteur de ses condamnations, et, lui laissant le partage des dépouilles, il frappe celui qu'on lui a dénoncé comme criminel avéré.

Dans ce procès, instruit par la Révolution contre quiconque possède, le socialiste est l'agent du fisc qui liquide l'avoir du condamné, l'anarchiste, le bourreau qui le tue.

Quoi d'étonnant si le bourreau, armé des moyens faciles et peu coûteux que la chimie met à sa disposition, prend les devants sur le spoliateur et supprime le propriétaire pour hâter la vacance de la propriété?

Les ignorants, les imbéciles, les impuissants, écoutent ces vociférations, ils y croient, et le *processus* s'accomplit[1].

---

1. M. Jules Guesde, *Collectivisme et Révolution*. Voici ce qu'on y lit à propos de l'expropriation des propriétaires :

« L'expropriation avec indemnité est une chimère, autant sinon « plus que le rachat, et quelque regret qu'on en puisse éprouver, « quelque dur que puisse paraître aux natures pacifiques ce der- « nier moyen, nous n'avons plus que la reprise violente sur quel- « ques-uns de ce qui appartient à tous, disons le mot, la révolution « sociale.

« Des capitaux qu'il s'agit de reprendre à quelques-uns, pour les

Quand ils sont bien convaincus que tout bourgeois est un voleur, tout député un « panamiste », ils achètent pour dix sous de poudre chloratée et ils lancent leur bombe dans la Chambre des députés, afin de purifier par le fer et le feu cette caverne de brigands !

Telle est la genèse du crime. Tels sont les responsables.

Il faut y ajouter ces personnages qui, depuis quelques années, font les commis voyageurs en grèves et portent, sur tout le territoire de la République, des paroles de haine.

Qu'est-ce que la liberté de discussion a de commun avec les excitations et les actes qui en résultent ?

Nous n'admettons pas l'orthodoxie sociale, nous ne reconnaissons pas d'hérésie sociale ; mais si nous réclamons la liberté pour toutes les doctrines, nous repoussons d'autant plus énergiquement toutes les provocations à la guerre sociale : « Comment voulez-vous que des cerveaux ignorants « et obscurs saisissent vos subtiles distinctions entre les « différentes sortes de violences contre les propriétés et « contre les personnes [1]. »

Cette épidémie de meurtre ne pourra que se développer tant qu'on permettra de la glorifier et même de l'excuser. Un député socialiste déclarait en pleine Chambre qu'il fallait se découvrir devant la tête sanglante de Ravachol comme devant celle d'un martyr. Un autre député, plaidant pour le *Parti socialiste* devant la Cour d'assises de la Seine, faisait l'éloge de son client, M. Breton, qui avait pourtant déclaré que si les anarchistes tuaient M. Carnot, il ne le regretterait pas.

« restituer à tous, les uns, comme la terre, ne sont pas de création « humaine, sont antérieurs à l'homme, pour lequel ils sont une con- « dition *sine quâ non* d'existence.

« Ils ne sauraient, par suite, appartenir aux uns à l'exclusion des « autres sans que ces autres soient volés ; et faire rendre gorge à des « voleurs, les obliger à restituer, a toujours et partout été considéré, « je ne dis pas comme un droit, mais comme un devoir, le plus sacré « des devoirs. »

1. Discours de M. Deschanel à la Chambre des députés, séance du 25 juillet 1894.

Il n'est pas de jour où la presse socialiste révolutionnaire de toute nuance ne plaide les circonstances atténuantes pour les partisans de l'assassinat, sauf à interpréter hypocritement ce qu'elle a dit, si quelque intérêt personnel l'y pousse. Elle ne dit pas aux anarchistes : « Tuez! » elle leur dit : « Les gens que vous tuez ne valent pas cher » ou bien : « Vous êtes si malheureux que vous êtes bien excusables. »

Est-ce que ces provocations peuvent s'appeler des opinions sociales et politiques ?

Pour faire triompher la sienne, le révolutionnaire n'hésiterait pas devant la guerre civile, le massacre dans la rue. L'anarchiste, plus impatient, nous bombarde tout de suite. Franchement, ils ne sont séparés que par une nuance.

On ne devient pas, du jour au lendemain, un anarchiste militant. Vaillant lui-même a commencé par être un bénin socialiste. Il en est de même de Fortuné et d'Émile Henry, qui ont appartenu au parti ouvrier. Ils se sont grisés aux excitations oratoires, ils ont bu le poison distillé par des feuilles de sang, dont les propriétaires et les rédacteurs tirent paisiblement de larges bénéfices. Ils ont entendu faire l'éloge de Ravachol et insulter tout ce que la société contient d'institutions et d'hommes respectables. Ils ont constaté que les plus exécrables crimes, dès qu'ils se réclamaient de la politique, étaient considérés comme des incidents blâmables, auxquels on ne refusait jamais le bénéfice des circonstances atténuantes. Ils ont vu célébrer la Commune et ses héros, et il ne leur a pas échappé que, d'un air entendu, des philanthropes justifiaient et expliquaient les attentats les plus affreux contre l'ordre social. On glisse vite sur cette pente savonnée, et Vaillant, Caserio, Henry ont touché le fond de l'abîme.

L'anarchiste, c'est le papillon; le socialiste révolutionnaire, la chenille. C'est le second qui, en grande partie, a déterminé l'anarchie morale dans lequel la France se débat.

CHAPITRE IV.

DE L'ÉTAT MORAL CRÉÉ ET DÉVELOPPÉ DANS NOTRE PAYS.

A toute époque, il y a eu des révoltés, des misérables avides de vengeance, des chevaux de sang ou des bêtes vicieuses, ruant dans les brancards et essayant de les briser.

Mais, actuellement, le nombre en est légion, et si on avait laissé faire longtemps encore, on aurait passé des actes individuels des anarchistes à des actes collectifs. Il n'y a pas de préfet, de fonctionnaire au courant de la police qui ne sache que tel département, indemne il y a quelques années, compte plusieurs milliers d'anarchistes.

Autrefois, on disait que chaque citoyen était l'artisan de son propre sort, qu'il n'avait rien à attendre que de son courage et de ses efforts; aujourd'hui, on publie que les moyens légaux sont impuissants, que l'ignoble bourgeoisie boit le sang du peuple, que, sans répit, elle consomme contre le prolétariat, le crime social de se rassasier de toute la fortune sociale. Ainsi s'exaspèrent les déshérités.

Il n'y a pas de nation, douée de la santé la plus robuste qu'on voudra supposer, qui puisse résister longtemps à ces coups de béliers formidables.

Nous reconnaissons aussi, loyalement, qu'il est d'autres causes pour faciliter et développer l'anarchisme et la révolution sociale.

La société doit, avant tout, se défendre contre les infirmités morales et physiques, en améliorant des inégalités trop vraies. Le crime a une tendance à augmenter, parce que la richesse augmente, parce que les besoins humains augmentent, parce que les spectateurs des jouissances des uns et des misères des autres, autrefois séparés, se heurtent aujourd'hui constamment dans la rue.

La diffusion extraordinaire de la richesse a semé, à côté d'un bien-être précieux, une corruption, une fièvre de plai-

sir, un contraste brutal de joies et de souffrances qui pré-
disposent l'homme aux mauvais conseils.

Dans cet ordre d'idées, on a beaucoup fait et on doit
encore beaucoup faire.

Il y a aussi de graves responsabilités pour ceux qui ont
donné lieu aux scandales financiers de notre époque, mal-
heureusement couverts par la prescription. Dans l'amendement soutenu par M. Jaurès dans la séance de la Chambre
du 25 juillet 1894, il y a beaucoup de paradoxe, mais aussi
une large part de vérité. Pour être logique, cet orateur
aurait dû embrasser aussi dans son amendement la presse
socialiste révolutionnaire[1].

Nous ne devons pas non plus négliger un autre élément
de désordre moral.

L'excuse, au moins relative des criminels, le plaidoyer
pour les scélérats, sont devenus une sorte de cabotinage bien
porté.

Quand un assassin a tué plusieurs innocents et que la
justice lui prend sa vie, comme il a pris celle des autres, on
s'écrie, avec de fausses larmes dans la voix : « Ce n'est pas
« une solution ! » On soutient que le Président de la République aurait dû faire grâce.

Et l'on voit de grandes dames se presser d'adopter l'enfant de l'assassin, pendant que sont sans secours des milliers
d'orphelins de pauvres gens, morts victimes de leur honnê-
teté, quelques-uns même de leur devoir.

Il suit de là une compassion malsaine, une émotion scan-
daleuse, résultat de la publicité des interrogatoires, des
plaidoiries, de l'exécution entourée de détails faits pour

1. Voici son amendement :
« Seront considérés comme ayant provoqué aux actes de propa-
« gande anarchiste tous les hommes publics, ministres, sénateurs,
« députés, qui auront trafiqué de leur mandat, touché des pots-de-vin
« et participé à des affaires financières véreuses, soit en figurant
« dans les Conseils d'administration de Sociétés condamnées en jus-
« tice, soit en prônant lesdites affaires, par la presse ou par la
« parole, devant une ou plusieurs personnes. »
Cet amendement n'a été rejeté qu'à une très faible majorité.

exciter la pitié et représenter, comme victimes de la société, des assassins vulgaires.

Les appels publics au droit de grâce du Président de la République, en faveur de gens absolument dangereux et qu'il est indispensable de supprimer, ne contribuent pas peu à démoraliser l'opinion; ils encouragent des attentats comme celui de Caserio.

Qu'on ajoute à cela la forfanterie des accusés: leurs déclarations, dans lesquelles ils se posent en justiciers bravant la société, en véritables martyrs, on aura la triste peinture du mal produit.

Réussira-t-on à combler ce vide, à opposer de nouveau à l'instinct et à la sensation l'idée rationnelle, à fournir aux consciences la boussole morale qui leur manque de plus en plus? Le remède peut-il venir d'une religion épurée, d'une philosophie plus large, plus accessible, plus humaine plus démocratique, en quelque sorte? Ce sont là des questions que se posent, à l'heure présente, tous ceux qui réfléchissent, qui voient le péril et en mesurent les redoutables conséquences. L'expérience du passé prouve qu'il n'est pas impossible, à force de bon vouloir, de persévérance, et, pourquoi ne pas le dire, d'enthousiasme contagieux pour la justice et la vérité, d'aboutir à une solution. Le principal est de bien se convaincre que la maladie dont nous souffrons et dont nous péririons, si nous laissions faire, est une maladie morale. Et le plus sûr moyen de combattre les rhéteurs et les sophistes qui débitent avec tant d'audace leur charlatanisme politique et social, c'est peut-être, c'est assurément de régénérer les âmes[1].

1. Journal *le Temps*, du 24 juillet 1894.

CHAPITRE V.

PROPAGATION DE CES DOCTRINES ET DE CES VIOLENCES
PAR LA PRESSE ET LES MOYENS DE DIFFUSION ACTUELS.

On ne se rend pas assez compte des conditions modernes de la divulgation, de la propagation de la pensée.

En 1600, l'imprimerie était encore dans son enfance en France.

En 1673, il n'existait que deux gazettes et deux gazetiers, et leurs feuilles ne s'occupaient pas de ce que nous appelons aujourd'hui les questions politiques et sociales.

Jadis, les réflexions moroses des auteurs enclins au pessimisme restaient consignées dans leurs livres d'un débit fort rare; elles n'avaient qu'une action indirecte et surtout très lointaine sur l'opinion publique.

Aujourd'hui, les conditions de la divulgation, de la propagation des écrits ont absolument changé. L'imprimerie s'est développée étonnamment, la presse a pris un développement tout à fait prodigieux. Par le colportage devenu libre, on assiste à une diffusion vraiment fantastique. Les journaux à 5 centimes tirent à des centaines de mille exemplaires; les feuilletons, livraisons à bon marché, pullulent; les affiches provoquent, les kiosques retiennent les regards. Il se publie à Paris, par an, mille six cent cinquante journaux et revues périodiques; sur le nombre, il y en a bien deux cent cinquante qui se livrent à la triste besogne que, nous venons de décrire. A dix personnes par journal ou revue de cette espèce, cela forme un effectif de deux mille cinq cents écrivains, sans compter la province.

Qu'on ajoute à cela les réunions, les cercles d'études sociales, les bourses du travail, les syndicats, les chemins de fer, le service militaire qui arrache les paysans à leur foyer, les grands centres industriels, et l'on aura l'idée de l'ébullition produite.

CHAPITRE VI.

ACTION SUR LES DÉGÉNÉRÉS. — CONTAGION DU CRIME.

Et les cerveaux, nous le répétons, sont bien préparés. On ne se rend pas compte de l'accroissement de la consommation de l'alcool et d'un alcool frelaté ; c'est avec cela qu'on a tant de dégénérés[1].

La presse, non pas même par ses excitations, mais par ses simples comptes rendus, peut déterminer le crime[2].

1. *La Dégénérescence*, par Max Mordan : « La dégénérescence fait « également le fond des écrits et des actes de beaucoup de révolu- « tionnaires et d'anarchistes. Le dégénéré est incapable de s'adapter « à des conditions données, incapacité caractéristique de variétés « pathologiques de chaque espèce et certainement un des motifs prin- « cipaux de leur prompte disparition. Il se révolte donc contre des « états de choses et des manières de voir qui doivent nécessairement « lui être importuns, ne fût-ce que parce qu'ils lui imposent le devoir « d'exercer sur lui-même une contrainte, ce à quoi il est presque « impuissant. de par la débilité organique de sa volonté. »

2. *La Contagion du crime*, par le Dr Aubry ; 2e édition, 1893. *La Contagion du crime*, par Moreau de Tours (*Annales de Psychia- trie et d'Hypnologie*, 1891). « On sait, dit le célèbre aliéniste, avec « quelle avidité les feuilles publiques, grandes ou petites, illustrées « ou non, saisissent le crime ; l'adresse et l'habileté avec lesquelles « elles savent présenter les détails odieux qui devraient rester dans « le plus profond mystère, ne respectant rien, ni la famille, ni la « société, ni les convenances, du moment où un journal peut donner « un récit circonstancié des faits avant un autre. Loin de nous la « pensée que les journalistes le font avec le coupable dessein de cor- « rompre les masses ; mais s'ils ne savent ce qu'ils font, avouons au « moins que leur inconcevable insouciance nous est bien funeste. Qui « pourrait dire le nombre de crimes dont la première pensée a surgi « dans des têtes exaltées à la lecture de faits si adroitement racon- « tés ? »

Dans le grand Congrès d'anthropologie criminelle de Bruxelles (9 août 1892) on a étudié l'obsession criminelle morbide, l'obsession au meurtre. Le Dr Ladame, d'accord avec de nombreux confrères, a dit que l'hérédité était avant tout la cause prédisposante, mais qu'elle ne suffisait pas et qu'il fallait avant tout une cause occasionnelle. Une des principales est la lecture des récits détaillés des grands cri- mes et des exécutions. Cela suffit à provoquer des épidémies de cri- mes. (Voyez Gauckler. *Revue critique*, année 1892.)

CHAPITRE VII.

DE LA SUGGESTION HYPNOTIQUE.

Peut-on négliger les découvertes qui ont été faites sur la suggestion?

La même phrase, constamment répétée et venant frapper à coups égaux et réguliers, au même endroit de l'âme, finit par produire sur certains cerveaux, préparés à subir ces atteintes, un effet à peu près semblable à celui des passes sur les yeux des magnétisés. Leur volonté cède peu à peu la place, et une autre volonté, celle du journal, entre dans le malheureux, jour à jour vidé de son moi.

On lui dit que telle personnalité est la cause des maux dont le pays souffre; qu'il suffirait de la faire disparaître pour qu'en France tout rentrât dans l'ordre. L'idée pénètre lentement dans cet être incapable de résistance; elle en chasse toutes les autres, et, ne trouvant plus de contrepoids nulle part, elle le pousse d'un élan irrésistible à l'action[1].

---

1. On sait que deux écoles, deux théories sont en présence : celle de la Salpêtrière, ayant pour initiateur le Dr Charcot; celle de Nancy, qui a pour créateur le Dr Bernheim.

Jusqu'où peuvent aller la mainmise sur la volonté d'autrui, l'affaiblissement de l'indépendance psychologique, l'ébranlement de l'équilibre moral?

Dans le Congrès de Bruxelles (août 1892) on s'est fort occupé des suggestions criminelles. Il résulte, des discussions qui s'y sont produites, qu'il y a là plus que des jeux de salon et des fantaisies de laboratoire.

Par la suggestion on guérit des affections très rebelles. En thérapeutique, la méthode hypnotique produit des effets surprenants. Sans doute, la suggestion criminelle paraît n'avoir d'influence que sur les débiles moraux, les dégénérés, au point de vue mental; mais ceux-là sont bien plus nombreux qu'on ne croit.

Les Drs Bérillon et Voisin, médecins en chef de la Salpêtrière, ont fait des communications fort intéressantes. M. Bérillon a invoqué dix-sept mille expériences et retrouvé la suggestion à l'état de veille jusque dans le cabinet du juge d'instruction qui, sans le savoir et

Il n'est pas besoin de provocation *directe* pour cela. On peut dire, avec Corneille :

> Il ne fut que le bras, c'est toi qui fus la tête.

C'est le moyen, nous le verrons plus loin, qui est employé par les théoriciens de l'anarchisme.

Qui est le coupable, le vrai coupable? c'est le journaliste, car c'est lui qui a conduit le bras, sans y avoir pensé, je le veux bien.

Cela rappelle une revue du temps passé, où Grassot magnétisait quelqu'un sur la scène : il jetait du fluide à poignées, et tout à coup (c'était la scène dans la salle) une personne s'endormait au balcon.

« Ah! pardon, disait-il, ce n'est pas ma faute! mon fluide « s'est trompé de route. »

Le journaliste pourrait répondre de même : « Je n'avais « aucunement l'intention de suggérer l'idée d'assassiner. « J'en parlais, il est vrai, tous les matins; mais pouvais-je « me douter qu'on ne verrait pas que c'était là histoire de « tirer à dix mille de plus? »

surtout sans le vouloir, dicte, suggère au témoin la réponse que celui-ci fera.

Je sais que certains prétendent encore que le médecin qui suggère n'est en somme qu'un habile diplomate, qu'un avocat persuasif; mais il y a des faits qu'on ne saurait nier.

En tous cas, nous ne parlons de la science nouvelle que pour signaler les dangers de l'impressionnabilité humaine. Nous n'allons pas jusqu'à admettre qu'il est certain qu'un homme puisse imposer absolument sa pensée à un sujet dont une disposition nerveuse détruirait la volonté; il nous suffit qu'une semence puisse être jetée dans l'esprit et que le grain puisse lever par incubation.

Voir notre ouvrage : *De la responsabilité des criminels.* Comparer les observations de MM. Liégeois, Franck, Desjardins, Janet, à l'Académie des sciences morales et politiques (Bulletin des séances de cette Académie, 1884, t. CXXII, pp. 172, 222, 231, 233). Consulter l'ouvrage de Gilles de la Tourette sur l'hypnotisme, 2e édition, 1891.

CHAPITRE VIII.

LA FOULE CRIMINELLE.

A ceux qui ne croient pas aux entraînements irréfléchis, nous signalerons encore les crimes des foules [1].

1. « La Foule criminelle », *Essai de psychologie collective*, par M. Scipio Sighele.

L'auteur produit une série d'observations profondes, singulièrement intéressantes, sur l'agglomération, *l'agrégat* des individus pris collectivement. Le danger social des réunions publiques, des attroupements, y est mis en éclatante lumière.

Dans son rapport au Congrès de Bruxelles, M. Tarde a montré qu'il était inexact de voir, dans la criminalité des foules, dans la criminalité collective, un simple total de criminalités individuelles : en réalité, les masses agissent sous l'action d'entraînements, de forces d'impulsion qui ne surgissent que par l'effet de la réunion des individus. La foule n'agit que sous l'influence de *meneurs;* mais l'action de ces meneurs n'est possible que si, au préalable, cette foule possède une foi commune, une passion commune, un but commun créés par une contagion lente d'esprit à esprit, une imitation tranquille et silencieuse, et dont la nature différente caractérise les diverses sortes de foules. Dans ces agissements, d'ailleurs, cette foule se montrera inférieure non seulement au niveau moral de la société civilisée au sein de laquelle elle se forme, mais encore à celui de l'individu isolé qui en fait partie.

« La foule, parmi les populations les plus civilisées, est toujours « une sauvagesse ou une faunesse, moins que cela, une bête impul- « sive et maniaque, jouet de ses instincts et de ses habitudes machi- « nales... La bête humaine varie d'après chaque espèce de multi- « tude. »

Elle subit d'une manière presque passive l'influence de quelques meneurs : l'individualité des menés s'affaiblit, s'anéantit d'autant plus que l'organisation de la foule se fortifie davantage. Ils subissent une action entraînante qui va jusqu'à dénaturer leur caractère, une action qu'on peut comparer à l'influence de la suggestion hypnotique, bien qu'elle produise des effets infiniment supérieurs.

De ces constatations, M. Tarde conclut à la distinction entre la responsabilité des meneurs et celle des menés, la première étant de beaucoup la plus grave.

Au cours de la discussion, le distingué magistrat a bien précisé qu'il ne confondait pas les meneurs et les menés avec les inspirateurs et les exécuteurs. Partout où il y a unanimité, il y a un despotisme inconsciemment suivi. La police sera insuffisante si on ne se résout

Le législateur s'en est préoccupé, en punissant les provocations à des attroupements et en aggravant la peine des délits ou des crimes, suggérés, déterminés au sein des réunions. Cela est surtout dangereux lors des grèves et des émeutes.

TITRE II

RÉFLEXIONS SUR LA LÉGISLATION DU 29 JUILLET 1881 ET SUR LE DROIT INTERNATIONAL.

CHAPITRE PREMIER

ORIGINES DE LA LOI DU 29 JUILLET 1881. — PRIVILÈGES DE LA PRESSE. — DROIT COMMUN.

Le mal dont nous souffrons est dû, en majeure partie, à la loi du 29 juillet 1881 sur la presse.

Le parti républicain, sous les divers régimes qui se sont succédé depuis 1789, avait lutté sans cesse pour obtenir l'application des principes de liberté d'opinion. C'est pour lui un titre d'honneur.

Lorsqu'en 1881, après le triomphe des idées républicaines, on a songé à faire une nouvelle loi sur la presse, des hommes, qui avaient passé une partie de leur carrière à combattre contre les gouvernements précédents, ont été entraînés par un sentiment des plus louables. Ils ont pensé qu'ils étaient engagés à donner à la République toutes les institutions et toutes les lois qu'ils avaient autrefois réclamées comme des armes de guerre ou qu'ils regardaient comme

à poursuivre les plus criants abus de la presse, les excitations imprimées au crime et au délit.

M. Garnier, répondant à M. Tarde, a fait remarquer, d'accord avec le célèbre professeur Bénédickt, que ce sont les dégénérés qui donnent le ton dans les foules coupables et surtout les alcooliques, parce que l'accord relève momentanément leur diapason mental.

des nécessités, sans les avoir éprouvées par l'usage. Dans leur esprit, il s'agissait d'une œuvre loyale. Le progrès humain devait être cherché dans l'affranchissement des consciences, dans la libre discussion. Les excès les plus flagrants de la pensée humaine devaient être amnistiés d'avance, au nom même de la liberté [1].

L'opposition de droite, par une attitude naturelle à toute opposition, joignit ses votes à ceux de ces trop généreux esprits.

Ainsi fut, d'abord proclamé, sans limite, sans contrôle, le droit de réunion. Puis vint l'affranchissement de la presse, favorisé encore par le dégrèvement des impôts sur le papier, des droits de poste, de télégraphe, les tarifs réduits de transport, l'abolition du timbre, de la patente, etc., l'octroi de fils spéciaux.

Avec raison, cependant, on estima qu'il ne fallait plus aucune entrave à l'expression d'une opinion. Le timbre, le cautionnement, le brevet d'imprimeur ou de libraire, l'autorisation préalable, la censure, le droit de suppression tout cela disparut.

On ne peut qu'applaudir à ces réformes. Il en est d'autres qui ont été profondément malheureuses.

Ainsi, un régime exorbitant du droit commun a été créé

---

1. M. Floquet, à la Chambre, exprimait cette opinion « que toute « conception intellectuelle devait échapper à la répression de la loi, « si elle ne s'était pas traduite par des actes et des faits; et qu'en « dehors d'un trouble *matériel,* il n'y avait que des opérations de la « pensée qui devraient être insaisissables. »

M. Eugène Pelletan disait au Sénat, dans son rapport : « Tout ce « qui a pu être un délit d'opinion disparaît ... Quand une intelligence parle à une autre intelligence, lui impose-t-elle son opinion? « Non! elle ne fait que la proposer; on est toujours libre de l'accepter ou de la rejeter. Parler et convaincre sont deux choses distinctes. Si celui qui parle n'a pas converti celui qui l'écoute, pourquoi le punir? et s'il l'a converti, est-ce que l'adhésion de l'auditeur « n'est pas alors une présomption de vérité? Cette vérité présumée « pourrait cependant bien être une erreur; mais dans ce cas, qui donc « pourrait oser faire la police du cerveau humain? ..... En fait d'opinions particulières il n'y a qu'un tribunal possible, le bon sens « public. »

par la loi de 1881 qui a accordé de véritables privilèges aboutissant, en fait, presque à l'impunité[1].

Tant que l'usage de la presse appartient à une élite intel-

1. *Régime de la loi de* 1881.

La juridiction compétente est le jury en matière de simples délits politiques ou sociaux. (Article 45.)

Les personnes responsables sont : 1º les gérants (hommes de paille) ou éditeurs ; 2º à leur défaut, les auteurs ; 3º à défaut des auteurs, les imprimeurs ; 4º à défaut des imprimeurs, les vendeurs, distributeurs ou afficheurs. (Article 42.)

L'aggravation des peines résultant de la récidive n'est pas encourue. (Article 63.)

Quand les circonstances atténuantes sont accordées, la peine ne peut excéder la moitié de celle édictée par la loi. (Art. 64.)

La prescription est de trois mois, dans tous les cas, à partir de la publication. (Art. 65, § 1.)

La procédure est spéciale et soumise à des formes impératives. (Articles 48 et 50.)

La publication qui constitue l'infraction doit résulter de moyens déterminés. (Art. 23.)

La saisie et l'arrestation préventives ne peuvent être employées que dans des cas précis (article 49, modifié par la loi du 12 décembre 1893) et la procédure des flagrants délits n'est pas applicable.

Pour le recours en cassation, le prévenu est dispensé de consigner l'amende et de se mettre en état. (Article 61.)

Les peines ne peuvent se cumuler ; la plus forte est seule prononcée.

Régime de droit commun.

Le Tribunal correctionnel est compétent.

Toutes les personnes qui ont commis un délit ou y ont participé sont également responsables.

La récidive est toujours encourue, à moins qu'il n'y soit dérogé spécialement.

Il en est différemment en droit commun.

Elle est de trois ans à partir du fait commis.

La procédure n'est soumise qu'à des formes simples.

Le fait peut être commis par un moyen quelconque.

Tout cela est au contraire autorisé sauf pour les flagrants délits, l'exception de l'article 7 de la loi de 1863.

Il en est différemment.

Id.

lectuelle, tant qu'il est contenu dans ses limites naturelles, qui sont l'intérêt de l'éditeur, rien de bien redoutable. Mais quand il s'étend au premier venu, quand un criminel s'en sert pour barbouiller, sans patente et sans impôt, quelques feuilles de papier, destinées à justifier le crime public; quand des spéculateurs éhontés s'en emparent, pour semer les fausses nouvelles propres à compromettre la paix intérieure et extérieure, on s'aperçoit que ce privilège est le plus dangereux de tous, et qu'il est, en tout cas, bien irrationnel que les auteurs, en gardant l'anonyme, — n'étant plus.tenus de signer leurs articles, — puissent se décharger de toute culpabilité sur un gérant, c'est-à-dire sur la personne interposée.

CHAPITRE II.

ERREURS DU LÉGISLATEUR DE 1881 EN MATIÈRE DE PROVOCATIONS ET D'EXCITATIONS CRIMINELLES.

Dans les articles 23 à 25, le législateur de 1881 a visé les infractions de provocation, réduites à des cas déterminés, et il leur a fait l'honneur de la Cour d'assises comme s'ils étaient de purs délits d'opinion en leur accordant les privilèges dont nous avons parlé.

Mais entre l'appel au meurtre, au pillage, à l'incendie, et la liberté de la presse ou de la tribune, il n'y a aucune liaison nécessaire, aucune solidarité d'aucun genre. L'assassinat n'est pas une opinion politique, c'est un crime de droit commun. Prêcher publiquement le meurtre ou le vol n'est pas une liberté qui ait quelque rapport avec celle de la presse. Le public ne comprendra jamais que je puisse être arrêté sur l'heure et jugé par un tribunal correctionnel si au millieu de la rue je profère des menaces de mort, et que je sois traité autrement si, au lieu de crier ces violences, je les mets sur un papier qui les portera instantanément à des milliers de lecteurs. Le délit n'est pas un délit de pensée, c'est délit matériel et de droit commun, car il est positivement la préparation réfléchie et le commencement effectif d'un attentat.

Les menaces sont prévues au Code pénal de même que les soustractions frauduleuses, et l'appel aux attentats contre les propriétaires ou leurs biens, cela n'a rien à voir avec la politique [1].

CHAPITRE III.

DU JURY EN MATIÈRE DE PRESSE POUR LES INFRACTIONS POLITIQUES. — NÉCESSITÉ POUR LES AUTRES DE LA JURIDICTION CORRECTIONNELLE.

Nous n'avons pour le jury ni admiration ni défiance systématiques, malgré les circonstances atténuantes accordées à Ravachol, Léauthier et autres, et les acquittements, incompréhensibles, de nombreux apologistes de l'assassinat du Président Carnot.

La loi du 29 juillet 1881 doit rester intácte pour les délits purement politiques. L'institution du jury est alors nécessaire. Un procès de presse, a dit Prévost-Paradol, n'est pas une lutte entre l'écrivain et la justice; c'est une lutte entre le ministère, le Gouvernement et l'écrivain. Et l'on en tire la conclusion que le jury, qui est l'organe de l'opinion, qui est armé d'une sorte de droit de contrôle, est seul compétent toutes les fois qu'il s'agit d'un agent du pouvoir, d'un acte politique. Les magistrats les plus indépendants, les magistrats inamovibles, peuvent être suspects de partialité à raison de l'esprit de solidarité qui unit tous ceux qui sont nommés par le Pouvoir. Il faut donc recourir à cet arbitrage d'opinion, réclamé par tous les libéraux sincères, pour départager le Gouvernement et l'opinion publique.

1. Le droit commun de notre Code, c'est la division tripartite réglant la compétence suivant les crimes (cour d'assises) les délits (tribunaux correctionnels) et les contraventions (tribunaux de simple police). Ce n'est pas — on ne saurait trop insister sur cette erreur — la publication qui fait le délit, c'est la nature du fait lui-même, moral ou matériel. Les délits des articles 23 à 25 devraient être tous déférés aux tribunaux correctionnels.

Mais la loi de 1881 a considéré comme délit d'opinion des infractions qui rentrent dans le droit commun. Elle en a abrogé d'autres qui étaient de même nature [1].

Qu'au point de vue politique on donne le jury pour tous les délits contre le Pouvoir, contre ses agents, contre la sûreté intérieure et extérieure de l'État; qu'on permette la discussion des lois, toutes les attaqués, toutes les critiques dans cet ordre d'idées, soit à la rigueur; mais, dans notre matière, il faut répondre à la brutalité de l'attaque par la rapidité, et surtout par la certitude et l'exemplarité de la répression dès qu'il y a culpabilité [2].

1. Discours de M. Develle, ministre des Affaires étrangères, à la Chambre, le 4 mars 1893.
2. Nous ne saurions passer sous silence les considérations présentées par M. Léon Bourgeois, au Sénat, le 3 février 1893, considérations qui ont déterminé le vote de la loi du 3 février 1893 sur le retrait des fonds déposés dans les caisses publiques. Voici ce que disait ce ministre pour justifier la compétence du tribunal correctionnel :
« Il n'est pas question, quel que soit le moyen employé et *alors* « *même qu'il s'agirait simplement d'articles de presse*, de sou- « mettre l'appréciation de ces faits délictueux à la juridiction de la « Cour d'assises. On ne peut songer à laissér leurs auteurs en liberté « et à employer la procédure organisée par la loi du 29 juillet 1881. « Il faut parer à un mal imminent et profond, et prendre les mesures « de sécurité publique que la situation comporte. Il est nécessaire « d'avoir recours à une juridiction qui offre, par la rapidité de la pro- « cédure et les mesures préventives qui peuvent être prises, toutes « les garanties d'une répression prompte et efficace. La sécurité de « l'Etat est à ce prix... Qu'emporté par la passion politique un publi- « ciste se livre à une discussion calomnieuse, violente, passionnée « même, de tel ou tel acte de Gouvernement...; qu'il risque parfois « de troubler la paix publique, j'établis une différence profonde « entre l'acte de ce polémiste, quelque passionné qu'il ait pu être, et « l'acte de ceux qui, se servant de ce polémiste comme d'un instru- « ment, provoquent l'action concertée que nous avons en vue. Ce « n'est plus là la discussion d'une idée, c'est un trouble apporté à la « sécurité de l'Etat... On cherche à inquiéter le petit travailleur, cet « homme qui a péniblement économisé une somme parfois bien « modique... On lui insinue que l'Etat est un voleur. Quand nous « sommes en présence de tels agissements, quand nous voyons les « efforts faits pour jeter le doute et le trouble dans l'esprit des plus « humbles, des plus malheureux et des plus intéressants des citoyens, « *j'ai le droit de dire qu'il ne saurait plus être question de la*

Les magistrats savent faire leur devoir sans parti pris, mais aussi avec esprit de suite. Les temps troublés n'exercent pas sur leurs esprits une domination, un ascendant parfois funestes. Inaccessibles aux menaces, préoccupés du bien général, ils ont toujours en vue de rétablir la paix publique. Ils ne seront jamais esclaves, comme en Sicile, de la *Maffia;* à Naples de la *Camorra;* en Espagne, de la *Mano negra.* Les intimidations, les effets d'auditoire, les diatribes du dehors les laissent indifférents. La répression est assurée d'une façon rapide et impartiale. Ainsi seulement la France républicaine retrouvera le calme auquel elle a droit. La République, qui sombrerait dans de tels excès, la République, atteinte dans son Président lui-même, sortira fortifiée de ces dures épreuves.

Le salut est au prix de ces réformes.

CHAPITRE IV.

REMANIEMENTS SUCCESSIFS DE LA LOI DE 1881.

En attendant, il a fallu successivement remanier la loi du 29 juillet 1881.

D'abord, dès 1882, l'impudence des écrits obscènes et des dessins licencieux était arrivée à un tel degré, qu'on a dû recourir à une loi contre les outrages aux mœurs, — loi que l'on va prochainement refondre et compléter encore.

Quelque temps après, la mise en vente des journaux dans nos rues devenait l'occasion de tels désordres, de tels scandales et de tels chantages qu'une loi a été indispensable pour réglementer cette vente sur la voie publique.

« *liberté de la presse.* Il s'agit d'un véritable complot contre la sécu-
« rité même de l'Etat... Si le but de ceux qui ont écrit les articles ou
« qui les ont dictés est véritablement de troubler le crédit public par
« le retrait en masse des fonds des caisses d'épargne, dans ce cas,
« alors même que le seul fait incriminé serait un article de journal,
« il ne saurait y avoir de doute : c'est le délit de droit commun prévu
« par les articles 419 et 420 du Code pénal. »

Une loi du 3 février 1893 a complété les articles 419 et 420 du Code pénal en punissant les provocations ou tentatives de provocation au retrait des fonds des caisses publiques ou des établissements obligés par la loi à effectuer leurs versements dans les caisses publiques et en les renvoyant à la police correctionnelle.

Les offenses envers les souverains étrangers et les outrages contre les agents diplomatiques étrangers ont dû être déférés au tribunal correctionnel par la loi du 16 mars 1893, par des motifs patriotiques, afin d'empêcher des acquittements qui, comme ceux d'Aiguesmortes, peuvent déchaîner la guerre.

Enfin, les actes anarchistes ont abouti à la législation des 12-13 décembre 1893 et du 28 juillet 1894.

CHAPITRE V.

LA PROVOCATION ET L'APOLOGIE CRIMINELLES SONT ÉGALEMENT COUPABLES QUELS QU'EN SOIENT LES AUTEURS.

Nous allons étudier en détail la législation ainsi renouvelée. Auparavant, on nous permettra une critique.

Les provocations ou apologies prévues et réprimées, sont coupables au même degré, qu'elles proviennent des anarchistes ou des révolutionnaires. Il n'y a pas dans nos Codes de crime ou délit spécial à une catégorie de citoyens ; il n'y a que des délinquants, pour lesquels il est inutile d'analyser les causes impulsives, si ce n'est quant aux excuses ou aux circonstances atténuantes. Il fallait tout déférer à la police correctionnelle sans distinction.

D'ailleurs, le législateur s'est contredit lui-même. Si les anarchistes sont assez redoutables pour faire l'objet de règles pénales particulières, pourquoi leur donner encore le jury et le privilège de la loi de presse pour les provocations à des crimes contre la sûreté intérieure de l'État, parmi lesquels il suffit de citer ceux énumérés dans les articles 91 à 101 du Code pénal ?

C'est vraiment bien la peine de multiplier les précautions, pour empêcher la propagande vis-à-vis des militaires, pour en arriver là.

Autre erreur, grave encore. Pourquoi accorder les immunités de la loi de presse à des anarchistes, dans le cas de l'article 1er de la loi du 28 juillet 1894, alors que le tribunal correctionnel est compétent?

La vraie réforme à faire était de déférer aux tribunaux correctionnels toutes les apologies et provocations *criminelles ou délictueuses* non suivies d'effet, et non seulement directes mais encore indirectes.

On sera forcé d'en venir là.

CHAPITRE VI.

LOIS ÉTRANGÈRES CONCERNANT CES INFRACTIONS.

Les lois étrangères n'ont pas fait de distinction de ce genre. Voyons d'abord la loi italienne du 2 juillet 1894.

La loi Crispi comprend trois chapitres. Le premier, d'ordre administratif, concerne la manutention, le transport, l'emploi des matières explosibles.

Le second chapitre, d'ordre judiciaire et pénal, augmente de moitié les répressions déjà édictées par le Code contre *quiconque, soit par la presse, soit par n'importe quelle manifestation,* se rend coupable d'instigation à commettre un crime, ou fait publiquement l'apologie d'actes criminels punis par la loi. Ainsi, pour l'instigation, la peine pourra être portée à sept ans et demi de réclusion, et, pour l'apologie, à un an et demi d'emprisonnement, sans compter les amendes.

Cette catégorie de crimes est absolument soustraite au jury; elle est déférée aux tribunaux correctionnels.

L'autorité administrative a le droit de mettre des journaux sous séquestre. Au 15 août 1894, vingt-deux journaux y étaient soumis.

Le troisième chapitre, d'ordre policier, donne au Ministre de l'Intérieur et à la Commission provinciale (sorte de Conseil de préfecture), le droit de recourir au *domicilio coatto,* ce qui veut dire le droit d'interner tous ceux qui non seulement auront été condamnés pour avoir contrevenu aux deux lois précédentes, à celle qui réglemente les matières explosibles, comme à celle qui interdit l'instigation et l'apologie, mais encore tous ceux qui auront été poursuivis pour infractions à ces mêmes lois, même sans condamnation subséquente. Le Gouvernement est investi du même droit à l'égard de ceux qui font partie, en qualité de chefs, de promoteurs ou de simples membres, d'associations tendant à changer, par voies de fait, l'organisation sociale de l'État.

Cela ressemble un peu à la loi de sûreté générale de 1858.

La Suisse, cette terre classique de la liberté, n'a pas non plus hésité. Le 25 juillet 1894 elle a promulgué une loi draconienne contre tous ceux qui provoquent ou encouragent des actes délictueux mettant en péril la vie humaine, dans l'intention de préparer ou d'opérer un renversement de l'ordre politique et social. Les propagateurs des écrits incitant à des crimes de cet ordre peuvent être frappés de la peine de la réclusion. La loi punit même ceux qui n'ont pas dénoncé celui qu'ils savaient préparer un crime de cette nature.

L'article 6 a soin de déclarer que les articles spéciaux du Code fédéral n'étant pas applicables à l'espèce, les délits commis par la voie de la presse retombent sous le droit commun.

En Allemagne, la loi des socialistes, toujours renouvelée par le Reischtag depuis 1878, donne des armes puissantes.

Aux États-Unis, on fait appel à la loi martiale. En Espagne, en juin 1894, une loi très dure a été promulguée. Il n'est pas jusqu'à l'Angleterre qui ne s'émeuve. Le bill de lord Salisbury a été pris en considération. La Belgique vient aussi de prendre des mesures de précaution et de protection. En Amérique, on va même très loin : on a adopté le projet Hill contre l'immigration et pour l'expulsion des anarchistes.

TITRE III.

DE L'ANARCHISME ET DES VUES GÉNÉRALES DE LA LOI DU 28 JUILLET 1894.

Notre législation, respectueuse jusqu'au bout de la liberté de penser, ne permet pas de poursuivre un individu par cela seul qu'il se proclame anarchiste. Pour qu'il y ait délit, il faut que le fait de propagande soit caractérisé par des provocations ou apologies, en vue d'inciter dans un but de propagande anarchiste.

CHAPITRE PREMIER.

Y A-T-IL UN PARTI ANARCHISTE? COMMENT FONCTIONNE-T-IL?

L'anarchisme est-il un parti organisé? Quel est son organisation? Son programme?

Le procès des anarchistes, devant la Cour d'assises de la Seine, du 6 août 1894, nous apprend qu'il s'agit bien d'une secte qui établit entre tous ses adeptes des liens de compagnonnage.

C'est en 1878 que l'Italien Costa et la Russe Anna Koulichof ont introduit, en France, les idées anarchistes qui existaient dans leurs pays respectifs.

Kropotkine et Elisée Reclus les ont singulièrement développées, et je les ai vus s'étendre lors du procès de Lyon, en 1883.

L'organisation de l'anarchie, voici comment elle fonctionnait hier encore :

Il y a des groupes, comprenant chacun un petit nombre d'adeptes. Ces groupes ne constituent pas des associations proprement dites. Ils tiennent des réunions privées, dites familiales. Dans ces goupes, où l'on se dit ouvertement anarchistes, on discute les théories, on apprend à se connaître, on étudie les caractères. Les groupes sont en correspondance entr'eux, ils ont des émissaires, si bien que lorsqu'un anarchiste étranger vient en France, il trouve le logement, l'assistance, jusqu'à des papiers et un faux état civil.

Dans les réunions familiales, on attire l'ouvrier aigri par la misère, le soldat impatient de la discipline. La propagande se fait dans l'ombre. L'article 60 du Code pénal est inapplicable parce qu'il n'y a, au soutien de la provocation, ni dons, ni promesses, ni instructions, etc. La loi du 21 juillet 1881 est impuissante parce qu'elle ne punit que les provocations publiques.

La loi du 18 décembre 1893 sur les associations de malfaiteurs ne peut non plus être invoquée, parce qu'il n'y a pas d'association, pas d'entente, pas de concert en vue d'attentats déterminés. L'entente suppose le contrat formé, l'accord des volontés.

Les groupes ouverts sont destinés à la propagande ouverte. Cette propagande ouverte doit, autant que possible, être vague et indéterminée. Les groupes ouverts, les conférenciers, servent à tromper la justice. Ils attirent l'attention sur eux, et la détournent ainsi des groupes secrets et vraiment militants, dans lesquels passent, au bout d'un certain temps, les compagnons les plus résolus et les plus convaincus. Ils servent à couvrir, à cacher également les chefs, ceux que l'on a très justement nommés les intellectuels, les méditatifs, et qui sont en quelque sorte la tête, le cerveau de l'anarchie.

Ces chefs restent toujours dans l'ombre; ils dirigent d'une façon occulte, sans s'exposer jamais, parce qu'ils considèrent que leur conservation est nécessaire au parti. Ce sont eux qui sont les instigateurs de tous les actes de propagande, et voici comment ils procèdent :

Quand ils ont jugé tel crime opportun, — à leur point de vue, — ils ne chargent pas un compagnon ou un autre de l'accomplir. Ils exercent une sorte de suggestion : ils publient ou font publier dans leurs journaux une série d'articles plus ou moins violents, dans lesquels ils prêchent l'acte de propagande en question ; puis, ils attendent que l'effet se produise, que la graine ainsi semée rencontre un terrain favorable. Presque toujours, il se trouve, parmi les lecteurs de ces journaux, quelque illuminé qui est l'homme de ce crime, et qui l'accomplit, ordinairement, sans en prévenir personne. Le meurtre de M. Carnot avait été prêché ainsi, et tandis que Caserio se disposait à l'accomplir, bien d'autres y songeaient également et en cherchaient le moyen.

C'est là le rôle de la presse anarchiste, qui s'applique également à faire ressortir la portée, les conséquences, des divers attentats et à les relier l'un à l'autre par un lien commun.

En d'autres termes, quand l'esprit de l'initié a été suffisamment imprégné des néfastes doctrines du prédicateur, quand le « compagnon » est parvenu, sous l'action de cette culture intensive, à un degré convenable d'exaltation mystique et de science professionnelle, on le livre à la libre fantaisie de ses conceptions individuelles, on le laisse concevoir, préparer et exécuter isolément, suivant sa vocation spontanée, un attentat quelconque, un « acte indéterminé. »

Il y a, cela va de soi, des correspondances entre les groupes, des fonds recueillis, des émissaires envoyés.

C'est ainsi que de la doctrine anarchique on est passé à la réalité, et que les attentats ont commencé, suivant une série croissante, voulue et calculée. Mais, on le voit, les groupes n'agissent guère par eux-mêmes.

CHAPITRE II.

QUEL EST SON PROGRAMME ? IMPOSSIBILITÉ DE LE CONFONDRE AVEC DES DOCTRINES SCIENTIFIQUES, OU UN PARTI POLITIQUE PROPREMENT DIT.

Quel est son programme ?

Dans la séance, à la Chambre, du 19 juillet 1894, le rapporteur, M. Lasserre, a dit :

« L'anarchie veut transformer l'ordre social, mais au

« moyen de la violence, du crime, du meurtre, de la dyna-
« mite ou du poignard...

« Voilà la délimitation très exacte...

« Voici le programme du parti anarchiste : « Plus de pro-
« priété, plus de capital, plus de patrie, plus de frontières,
« guerre à toute autorité, qu'elle soit élue ou non. »

Le Rapporteur : « Ce programme, tracé dans un congrès
« de Berne, ajoute : « Toute organisation est criminelle; la
« révolution ne doit avoir qu'un but : créer un milieu dans
« lequel l'individu ne relèvera que de sa volonté et pourra
« prendre au tas, sur le fonds commun de la richesse, non
« seulement tout ce qui lui est nécessaire, mais encore tout
« ce qui lui plaira. Le fait insurrectionnel destiné à affir-
« mer par des actes ces principes est le seul moyen de pro-
« pagande efficace.

« Par conséquent, j'établis que l'anarchie ne demande
« qu'à la propagande violente, qu'au crime et au meurtre, le
« moyen de réaliser ce qu'elle appelle son programme. »

Dans la séance du 18 juillet 1894, M. le Garde des Sceaux,
Guérin, répondant à M. Goblet, disait : « M. Goblet me de-
« mandait : où commence l'anarchie et où elle finit? Je suis
« surpris de cette double question, de la seconde surtout,
« car si je ne sais pas où commence l'anarchie...

M. Millerand : « C'est intéressant cependant! »

M. le Garde des sceaux : « Je sais trop par où elle finit. »
(Le Ministre cite un article de l'anarchiste Jahn, condamné
à Montbrison[1]).

---

1. Voici cet article :

« L'anarchie dit au prolétaire : « Ton patron a un coffre-fort qui
« est plein d'or et d'argent, c'est toi qui l'as rempli, tu as le droit de
« le vider; les magasins sont pleins, tu as le droit de prendre ce qu'il
« y a dedans.

« Détruisons tout ce qui est beau, les palais de justice, les palais
« du Sénat et de la Chambre des députés.

« Détruisons tout ce qui appartient aux riches et aux bourgeois!
« Il faut détruire la propriété, le gouvernement et l'autorité; l'au-
« torité, qu'elle apparaisse sous la forme de roussins, de gendarmes,
« de ministres ou de soldats, doit être combattue avec la dernière vio-

CHAPITRE III.

LA LOI DU 28 JUILLET 1894 NE VISE QUE LES ANARCHISTES PRO-
PREMENT DITS. — QU'EST-CE QUE L'ACTE OU LE BUT ANAR-
CHISTES ?

Nous ne parlerons pas, bien entendu, de l'anarchie scientifique, philosophique. Proudhon s'en est occupé, et pour lui,
comme pour tous ceux qui ont adopté ses vues sur ce sujet,
la notion de l'anarchie en politique est tout aussi rationnelle
et pratique qu'aucune autre. L'homme cherche la justice
dans l'égalité; la société cherche l'ordre dans l'anarchie.
L'anarchie poursuit l'élimination radicale du principe d'autorité sous toutes ses formes, et le gouvernement n'existant
plus, de l'anarchie sortirait l'ordre.

L'anarchie ne doit pas non plus être envisagée, au sens
de la loi, dans les conditions où les divers gouvernements
autoritaires se sont placés depuis la Révolution de 1789.
Sous ce rapport, le parti républicain était considéré comme
anarchique; il était le parti du désordre, le parti des *rouges*,
parce qu'il combattait pour une politique opposée et demandait pacifiquement des réformes démocratiques.

Il faut prendre l'anarchie dans les faits, selon ses actes,
qui se sont révélés coup sur coup, avec une fréquence, une
répétition des plus alarmantes.

Dans la séance du 19 juillet 1894, M. le Président du

« lence, avec le revolver, avec le poignard, avec la dynamite. Tous
« les moyens sont bons, quand il s'agit d'affranchir l'humanité.

« On pervertit l'enfant à l'école en lui parlant de patrie, en lui van-
« tant Jeanne d'Arc, cette vierge hystérique... Pour moi, quand j'ai
« passé la frontière, j'ai craché sur le poteau qui la marquait... Donc,
« plus de patrie, et vive l'Internationale !

« Si j'avais été pris par le service militaire, j'aurais déserté. Si on
« vous prend, tirez sur vos chefs; ils ont inventé le fusil Lebel, tour-
« nez-le contre les capitalistes, les bourgeois, les magistrats, la
« police.

« Pour moi, le pivot de la civilisation doit être le revolver pour les
« policiers, la corde pour les patrons, la guillotine pour les bour-
« geois. Et Carnot, le tueur, aura bientôt son tour. »

Conseil a dit à la Chambre : « Nous ne voulons pas atteindre
« des ennemis politiques... Nous visons une secte sauvage,
« antisociale et antihumaine... Vous savez ce qu'elle mé-
« dite : « la destruction pour la destruction. » Sa propa-
« gande tend à ébranler dans les esprits les notions fonda-
« mentales et nécessaires d'autorité et de hiérarchie.

« Ses actes tendent à affoler les populations par des cri-
« mes odieux, à répandre le mépris de la vie humaine, à
« créer l'habitude du meurtre, et quelque chose de plus
« grave, l'habitude du sang... Elle s'adresse particulière-
« ment à la jeunesse... elle épie le soldat... elle l'excite...
« Voilà la secte que nous poursuivons. Est-ce qu'il y a quel-
« qu'un dans le parti républicain qui s'y reconnaisse et qui
« dise qu'en atteignant l'anarchie on risque de l'atteindre
« lui-même ? »

A l'extrême gauche : « Vos juges de la correctionnelle
« confondront. »

Dans son rapport du 12 juillet 1894, M. Lasserre avait
insisté :

« Nous ne saurions trop le répéter : le projet vise exclusi-
« vement les menées anarchistes. Il ne peut donner lieu à
« aucune équivoque. Il ne laisse aucune place à l'arbi-
« traire. Aucun parti politique, aucune fraction de l'opinion
« publique ne peut raisonnablement s'alarmer.

« Tous les hommes de bonne foi seront obligés de recon-
« naître avec nous que nous ne portons aucune atteinte à la
« liberté. »

Dans la séance du 23 juillet 1894, le Garde des Sceaux,
répondant à M. Camille Pelletan, a dit encore : « Vous savez
« bien que la loi n'a jamais dû s'appliquer qu'aux criminels
« anarchistes. »

M. Jaurès : « Elle s'étendait donc plus loin avant ? »

M. le Rapporteur : « Voyez dans quels termes nous avons
« accepté l'amendement de M. Bourgeois et vous serez fixé. »

M. le Garde des Sceaux : « Nous avons adopté, vous le
« savez bien, cet amendement pour faire disparaître jusqu'à
« l'ombre d'un soupçon... »

Le Ministre est très net à cet égard dans sa circulaire aux procureurs généraux :

« Au cours de la discussion qui a précédé le vote de la loi
« du 28 juillet 1894, le Gouvernement a eu à maintes repri-
« ses l'occasion de préciser le caractère et la portée des dis-
« positions législatives qu'il soumettait au Parlement. La loi
« qui vient d'être promulguée a pour objet la répression des
« menées anarchistes.

« Elle ne saurait dès lors, à un degré quelconque, consti-
« tuer une menace pour ceux qui s'efforcent de faire triom-
« pher leurs doctrines par les moyens légaux. Votée par le
« Parlement pour défendre la sécurité publique menacée,
« elle ne doit et ne peut atteindre que les partisans de la
« propagande par le fait. La volonté très formelle du légis-
« lateur trouve à cet égard, dans le texte même de la loi, le
« commentaire le plus explicite. »

Au Sénat, M. Trarieux, dans son discours, s'était aussi appliqué à éviter toute controverse :

« La loi nouvelle est une arme contre les anarchistes,
« contre les anarchistes seuls. La société a le droit de se
« défendre. Le projet de loi est fait pour cela. Le Sénat lui
« donnera son adhésion. »

Dans son projet de loi, devenu la loi du 28 juillet 1894 *contre les menées anarchiques*, le Gouvernement avait pro-posé un article ainsi conçu : « Tout individu qui sera con-
« vaincu d'avoir fait acte de propagande anarchiste, en
« préconisant des attentats contre les personnes ou les pro-
« priétés. »

Il résultait de ce texte que c'était le fait de préconiser un attentat par de tels actes qui leur donnait, par cela même, un caractère anarchiste.

Mais dans son rapport, déposé le 12 juillet 1894, M. le député Lasserre explique que : « cette rédaction n'a pas paru
« suffisamment claire et précise. Aussi, pour répondre à la
« légitime préoccupation de la Commission, les a-t-on mo-
« difiés. »

L'article 1er de la loi aurait, néanmoins, soumis les socia-

listes révolutionnaires à la juridiction correctionnelle parce
qu'il ne parlait pas « de but de propagande anarchiste »,
termes qui ne se trouvaient que dans l'article 2. Mais, par
amendement de M. Léon Bourgeois, accepté par le Gouvernement, ils ont été également insérés dans l'article 1er.

On remarquera cependant la différence de rédaction des
deux articles. L'article 1er dit : « Lorsque ces infractions au-
« ront pour but un acte de propagande anarchiste », tan-
dis que l'article 2 parle de tout individu convaincu d'avoir
« dans un but de propagande anarchiste. » L'article 2 est
plus compréhensif.

CHAPITRE IV.

DIFFICULTÉ D'INTERPRÉTATION POUR L'ACTE OU LE BUT ANARCHISTES.

Quand pourra-t-on dire qu'il s'agit d'un « acte de propagande anarchiste », d'un « but de propagande anarchiste ? »

La caractéristique de l'anarchie, c'est l'acte de propagande
par le fait, c'est-à-dire le crime, l'attentat individuels. En
cela, nous l'avons dit, il y a une différence entre l'anarchiste
et le socialiste révolutionnaire. Celui-ci, surtout dans le collectivisme, entend procéder, non par mesures individuelles
successives, mais par la révolution générale.

Mais on sent combien il est difficile de distinguer. Ce sont
toujours des actes individuels qui préludent à une insurrection, et une Révolution n'est que la somme totale d'actes de
rébellion, de sédition, d'attentats particuliers, alors même
qu'ils proviennent d'un concert préalable.

Cela est si vrai, qu'Elisée Reclus, consulté par l'anarchiste
Jean Grave au sujet du vol avec effraction commis par Pini,
lui répondait, dans une lettre lue au cours des débats de
l'affaire dite « des Trente », devant la Cour d'assises de la
Seine, audience du 10 août 1894 :

« 1° La *collectivité* des travailleurs a-t-elle droit de re-
« prise sur tous les produits de son travail ?

« Oui, mille fois oui. *Cette reprise est la révolution, et*
« *sans elle tout est à faire.*

« 2° Une partie des travailleurs a-t-elle droit à la reprise
« partielle des produits collectifs? Sans aucun doute. *Quand*
« *on ne peut faire la Révolution dans son entier, on la fait*
« *du moins dans la mesure de ses forces.*

« 3° L'individu isolé a-t-il droit à une reprise personnelle
« de sa part d'avoir collectif? Comment en douter? L'avoir
« collectif étant approprié par quelques-uns, pourquoi recon-
« naîtrait-il cette propriété en détail, alors qu'il ne la recon-
« naît pas en bloc? Il a donc le droit absolu de prendre, de
« voler », dit-on en langue vulgaire. Il faut bien qu'à cet
« égard la nouvelle morale se fasse, qu'elle entre dans les
« esprits et dans les mœurs.

« Une fois ces vérités reconnues, il en découle naturelle-
« ment qu'avant de juger la valeur des actes il faut en con-
« naître le véritable mobile. Il est impossible de formuler
« des règles de morale applicables à tous les cas, comme le
« faisaient jadis les prêtres et les rois, et comme le font en-
« core les juges et les maîtres d'école.

« C'est la conscience intérieure qui rend l'acte moral ou
« immoral. »

Voilà, de la part du grand théoricien de l'anarchisme, le
catéchisme du parfait anarchiste.

Est-il possible de nier le passage logique de la doctrine
collectiviste, comme point de départ, à l'apologie de l'acte
individuel comme point d'arrivée? L'acte individuel dérive
des principes mêmes admis par les révolutionnaires.

Tout ceci, nous ne le mettons en relief que pour les lettrés,
les gens intelligents. Les déséquilibrés, les ignorants, eux,
n'ont jamais fait de distinction, on peut en être sûr.

Il ne faut pas croire naïvement qu'on aura toujours devant
soi des individus se proclamant anarchistes et disant :

Me, me adsum qui feci.

Et le fonctionnement comme l'organisation du parti se
modifieront pour déjouer la loi. Déjà l'ère des groupements

et des cercles paraît finie parmi les compagnons. L'individualisme et l'anonymat vont devenir la règle de la nouvelle tactique d'attaque.

De même, on n'aura pas toujours la ressource de trouver, dans les antécédents, la preuve que le coupable est affilié à l'anarchie.

Nous avons, du reste, montré que les criminels anarchistes sortent presque tous du socialisme révolutionnaire. Or, à quel moment ont-ils quitté le séminaire collectiviste ou le cercle d'études sociales? Quand commence-t-on à être anarchiste?

La loi nouvelle ne veut pas, quand il s'agit de la propagande secrète, que sur un témoignage isolé on fonde une condamnation. Elle exige des charges qui le corroborent. Elle est donc difficile sur la démonstration du délit anarchique. Il faudrait dès lors que la définition de ce délit ne prêtât pas à la controverse.

On peut prévoir que, dans un avenir prochain, tous les inculpés se diront socialistes révolutionnaires :

> « Je suis oiseau, voyez mes ailes.
> « Je suis souris, vivent les rats. »

Sous ce rapport, il convient de reconnaître que les critiques formulées contre la loi ont un sérieux fondement. La nature du propos, du discours, de l'écrit, ne donneront presque jamais une suffisante clarté. On pourra les attribuer indifféremment à un anarchiste ou à un socialiste révolutionnaire.

En veut-on la preuve?

Dans la séance du 19 juillet 1894, le Rapporteur disait :

« L'anarchie commence, à mon avis, là où naît la provo-
« cation au crime ou au meurtre. Il est impossible d'atteindre
« le socialisme au moyen de notre loi. Le parti socialiste
« préconise un ensemble d'idées et de doctrines...; il s'atta-
« que à l'ordre social actuel, et il rêve un ordre social nou-
« veau ; mais par quel moyen veut-il arriver à cet ordre de

« choses nouveau? par les moyens légaux que la loi laisse à
« sa disposition.

« Le socialisme s'adresse au suffrage universel; il lui
« expose ses idées ; il tâche, par ses journaux, par ses ora-
« teurs, de faire prévaloir ce qu'il croit juste et bon , et il
« espère, après avoir convaincu les masses, réunir dans le
« pays une majorité suffisante pour pouvoir, dans le Parle-
« ment, faire prévaloir et donner au pays les réformes qu'il
« préconise et qu'il désire. »

Puis, le Rapporteur énonçait le programme du parti anarchiste (nous avons donné ce passage plus haut). M. Maurice
Binder l'interrompait en demandant : « Est ce là le pro-
« gramme socialiste ou anarchiste? On pourrait s'y tromper. »

Dans la séance du 19 juillet 1894, le Président du Conseil
a lu, à titre d'exemple, pour justifier la nécessité de la loi,
deux extraits des journaux socialistes révolutionnaires (*le
Chambard* et *le Parti ouvrier*). Il a été interrompu par
M. Jaurès, qui lui a fait observer qu'il donnait à ses magistrats un bel exemple de l'interprétation de la loi [1].

---

1. Voici ces articles. C'est d'abord *le Chambard* du 19 mai 1894,
sous le titre : *Du sang!*

« Du sang ! ils en avaient jusqu'au coude, ils en veulent jusqu'aux
« lèvres. Demain, ils se tremperont tout entiers dedans. C'est la soû-
« lerie du carnage. Du sang, du sang, encore du sang ! Des têtes , tou-
« jours des têtes ! Leur infâme société porte autour du cou un collier
« de crânes grimaçants. Ils l'aiment ainsi parée pour la danse ma-
« cabre.

« Hideux bourgeois ! monstres de férocité et d'hypocrisie ! Ils mas-
« quent sous la comédie philanthropique leurs sanguinaires instincts.
« Ils tiennent à la guillotine; ils chérissent le bourreau; il leur faut
« leur bain de sang.

« A mesure que leur sénilité s'aggrave, leurs mauvais instincts re-
« doublent de violence , ne laissant aucune place aux sentiments de
« notre race. Chaque jour les rapproche davantage des animaux im-
« mondes.

« Bientôt il ne restera plus trace d'eux parmi nous. Ce jour-là, l'hu-
« manité qu'ils célébraient jadis entonnera un hosanna de déli-
« vrance. Guillotinez donc, bourreaux ! Tout le sang versé finira bien
« par vous submerger. »

Et *le Parti ouvrier*, où l'on pouvait lire :

« Pourquoi fait-on la guerre , et pourquoi entretient-on une armée

Aussi, le 21 juillet 1894, M. Millerand s'exprimait-il ainsi :
« Pendant que M. Lasserre définissait l'anarchie, je voyais
« sourire vos amis du centre et je les entendais dire : Mais
« c'est le socialisme qu'il définit !

« Je n'avais pas besoin de les entendre ; nous avions vu
« M. Deschanel, après le discours de M. Guesde, se préci-
« piter à la tribune en disant : « Le voilà, le lien entre le
« socialisme et l'anarchie ! »

« Nous avons vu quelque chose de plus topique ; nous
« avons vu M. le Président du Conseil, lui-même, nous tenir
« ce langage rassurant : « Je ne veux pas me servir de cette
« loi contre des adversaires politiques, et la preuve, c'est
« que voilà les journaux que nous poursuivrons avec cette
« loi ! » Et il vous a lu deux journaux socialistes ! »

Tous les députés socialistes ou de gauche avancée, qui ont
pris la parole contre la loi, depuis M. Vaillant jusqu'à
MM. Camille Pelletan, Goblet, Brisson, ont tenu le même
langage, réclamé une formule de l'anarchisme et soutenu
qu'on appliquerait à d'autres qu'à des anarchistes les dispositions nouvelles.

Les orateurs socialistes (MM. Vaillant, Marcel Sembat,
séance du 25 juillet 1894) parlèrent avec dédain de la définition du rapporteur : « Les moyens légaux, c'est le socia
« lisme parlementaire, ce *prétendu* socialisme qui s'interdit
« tout espoir de changement de la société, autre que celui,
« un peu lointain, que peut lui offrir la conquête de la
« majorité à la Chambre et au Sénat. »

M. Flandin, membre de la Commission de la Chambre, a
dit, il est vrai, qu'il « était impossible à un gouvernement
« qui le voudrait d'atteindre autre chose que les anarchistes,
« et qu'au besoin la responsabilité ministérielle protègerait
« contre les ministres qui fausseraient la loi. »

« permanente ? Est-ce pour la patrie ? Oui, pour la patrie des bour-
« geois, des mercantis et des voleurs de la haute société.
　「 « Cette patrie-là n'est pas la nôtre. Nous n'en voulons plus. Nous
« avons le devoir de la détruire pour la reconstituer sur des bases
« plus solides, plus humaines, en respectant les droits des individus. »

Mais cela ne suffit pas pour suppléer à une définition précise; ce sera aux tribunaux à apprécier. Mais d'avance il faut s'attendre, pour l'article 1er, à voir soulever toujours l'exception d'incompétence, et pour l'article 2 à discuter la qualité d'anarchiste. Nous craignons fort que la nouvelle loi soit peu applicable, si l'on veut ne la réduire qu'à des anarchistes avérés. Il arrivera forcément que, dans les temps troublés, ceux où l'on procède par fournées et où le besoin de sécurité publique prend parfois le pas sur des interprétations trop bienveillantes, on sera obligé de ne pas restreindre le champ d'application.

Dans sa circulaire aux procureurs généraux, le Garde des Sceaux dit : « Les magistrats instructeurs devront dès lors, « en tenant compte tant des antécédents du prévenu que des « circonstances mêmes de l'affaire, s'efforcer de dégager « nettement le but poursuivi par l'auteur de l'infraction, de « manière à déterminer, avec une certitude absolue, la juri- « diction qui devra en connaître. »

Cette tâche ne sera pas toujours aisée.

Une personne non anarchiste, et que toutes les circonstances démontreraient ne pas pouvoir devenir anarchiste, exciterait, dans un intérêt politique (pour affoler des électeurs, par exemple), à des actes de propagande anarchiste.

Selon nous, elle tombera sous le coup de la loi nouvelle, bien qu'elle soit faite contre les anarchistes seuls.

De même, un individu, contre lequel il serait impossible de rapporter la preuve ou des présomptions d'affiliation anarchiste, d'opinion anarchiste, se livrera à l'apologie d'actes de propagande par le fait. Il célébrera Caserio, Vaillant ou Léauthier, ou Henry, ou Lucchesi, etc.

Les dispositions de la loi du 28 juillet 1894 lui seront applicables. En effet, ce n'est pas tant la qualité (les antécédents) du délinquant, que la nature de l'acte visé par lui qui détermineront la classification.

On peut dire que *ipso facto*, par ces propos ou écrits, on se révèle anarchiste.

DEUXIÈME PARTIE.

EXAMEN JURIDIQUE DE NOTRE LÉGISLATION.

TITRE PREMIER.

DE LA PROVOCATION SECRÈTE, SUIVIE OU NON SUIVIE D'EFFET,
VIS-A-VIS DES CIVILS. — DE L'APOLOGIE SECRÈTE, NON SUIVIE
D'EFFET, A L'ÉGARD DES MÊMES PERSONNES.

SECTION PREMIÈRE.

DE LA PROVOCATION DE DROIT COMMUN RÉGIE PAR LE CODE PÉNAL
(ARTICLES 59-60.)

ART. 59. — « Les complices d'un crime ou d'un délit
« seront punis de la même peine que les auteurs mêmes de
« ce crime ou de ce délit, sauf les cas où la loi en aurait
« disposé autrement. »

ART. 60. — « Seront punis comme complices d'une action
« qualifiée crime ou délit ceux qui, par dons, promesses,
« menaces, abus d'autorité ou de pouvoir, machinations ou
« artifices coupables auront provoqué à cette action ou
« donné des instructions pour la commettre. »

Les rédacteurs de notre Code pénal (année 1810) ont
adopté les idées des juristes de la Constituante. Ils ont
puisé notre texte dans le Code pénal des 25 septembre-6 octobre 1791, qui avait abrogé l'ordonnance de 1670.

§ 1er. — *Provocation directe suivie d'effet. — Clandestinité
de cette provocation. — Sa généralité.*

Ce que prévoit notre article, — il est essentiel de le
noter, — c'est la relation directe du provocateur avec l'agent

du crime ou du délit. Il s'agit toujours d'un fait spécial suivi d'effet.

Voilà ce qu'on appelle la complicité ordinaire de droit commun.

Dans cette complicité, d'habitude, tout est secret. C'est dans l'ombre, ténébreusement, que le provocateur, usant de dons, de promesses, d'ordres, d'intimidation, pousse au méfait et le détermine. Ici, on peut dire qu'il y a immixtion, ingérence au fait criminel. La provocation est occulte, mystérieuse en quelque sorte ; elle ne frappe pas le public.

La complicité dont nous nous occupons, le Code pénal l'étend à tous les crimes, à tous les délits.

§ 2. — *Que signifie le mot « provoquer? »*

« Provoquer, de *pro*, en avant, et *vocare*, appeler, est un
« verbe dont la portée se sent mieux qu'elle ne peut se pré-
« ciser. Les synonymes ne manifestent qu'en partie l'idée
« complexe qu'il exprime. Il y a provocation, dans le fait de
« tenter, de séduire, d'exciter, d'inciter, de stimuler, de
« pousser, d'embaucher, d'engager, de disposer, de prédis-
« poser, d'encourager, d'inviter, de convier, de presser,
« d'exhorter, de supplier, de persuader, de fanatiser, d'exal-
« ter et même de piquer d'honneur. »
La provocation est surtout un appel, et les jurisconsultes romains se servaient avec raison de cette expression : *Infida advocatio*[1].

§ 3. — *La complicité du droit pénal est rigoureusement limitative. — Différence de classification avec l'ancien droit qui admettait l'apologie, le conseil, l'approbation.*

La jurisprudence et la doctrine décident que les dispositions de l'article 60 sont rigoureusement limitatives.

Il n'en était pas ainsi avant 1791.

---

1. Rousset, *Code de la presse*, n° 936.

Dans notre ancien Droit français, il existe diverses ordonnances[1] qui s'occupent de ceux qui « louent les auteurs des « délits ou les indulent à ce faire. »

Nos anciens jurisconsultes[2] avaient beaucoup étudié la complicité morale, intellectuelle, et la jurisprudence des Parlements avait adopté leurs doctrines.

Ils distinguaient quatre classes de complices intellectuels, savoir : 1° par commandement (abus d'autorité, menaces, contrainte); 2° par mandat ou commission (dons et promesses); 3° par conseil; 4° par approbation.

« *Conseiller* un crime, dit Jousse, c'est exciter, exhorter « et engager à le commettre, ce qui peut se faire de deux « manières : 1° en excitant simplement à le commettre; « 2° en instruisant de tous les moyens propres pour y par- « venir.

C'est encore une manière de conseiller le crime que de « *le louer comme une bonne action,* ou de *le soutenir par* « *des écrits, comme une chose permise et légitime.*

« Le conseil ne se fait que par des paroles et par des « écrits. Il faut que le conseil n'ait pas été donné par légè- « reté, en badinant, sans en sentir les suites, ou dans des « conditions telles, qu'il pouvait recevoir une interprétation « favorable et non criminelle, ou si, au lieu de conseiller « directement le crime, on conseillait un autre fait qui en était « une cause éloignée (par exemple de tirer vengeance de « quelqu'un ou de le traiter en ennemi et que celui à qui ce « conseil a été donné eût tué cette personne). »

On voit que Jousse, dans ce passage, distinguait le simple conseil, des instructions, tout en les confondant cependant.

Le Code pénal de 1810 s'est écarté de cette complicité qu'il a trouvé trop extensive.

---

1. Ordonnances du 22 décembre 1477, mars 1515, décembre 1559; ordonnance de 1670, tit. 16, art. 4.

2. Muyart de Vouglans, *Instit. au dr. crim.*, pp. 16, 17; *Lois crim.*, pp. 7, 8; Jousse, *Justice crim.*, t. I, pp. 30, 31; Serpillon, *Cod. crim.*, tit. 1er, art. 12, n° 17, t. I, p. 194; Julius Clarus, *Recept. Sent.*, lib. 5, § fin. Tract. crim., quæst. 88, et Ba ardus sur Julius Clarus. Bœrius, dec. 262.

§ 4. *Des moyens limitatifs de la complicité.*
Du simple conseil.

Dans l'article 60, le paragraphe premier (le seul qui nous occupe) réprime taxativement et exclusivement.

a) Les *provocations* accompagnées, soit : 1° de dons, 2° de promesses, 3° de menaces, 4° d'abus d'autorité, 5° de machinations ou artifices coupables (l'artifice tient de la ruse et de l'art; la machination représente des menées, des pratiques, des intrigues. Par machination on entend toute trame, tout expédient ourdi, tout emploi de manœuvres dolosives, toute ruse préparée, arrangée, conduite méthodiquement).

b) Les *instructions* données pour commettre le crime ou le délit. Ces instructions se distinguent de la provocation en ce qu'elles suffisent, à elles seules, à constituer la complicité.

« Les professeurs de crime qui forment et acquièrent par « leurs leçons d'autres malfaiteurs plus jeunes qu'eux sont « des êtres trop pervers pour qu'il soit nécessaire d'autres « faits que les instructions par eux données, pour les consti- « tuer complices du crime qui en a été la suite. » (*Exposé des motifs.*)

Mais il faut que les instructions aient été données, intentionnellement, pour commettre le crime ou le délit[1].

Toutefois, il n'est pas nécessaire que les instructions aient été directement adressées; il y aura encore complicité si elles ont été transmises par un tiers, et la complicité sera double si ce tiers est également de mauvaise foi[2].

Le fait d'avoir fourni les moyens de commettre un délit ne constitue la complicité de ce délit qu'autant que les moyens ont été fournis, sachant qu'ils *devaient* servir à l'action qualifiée délit; il ne suffirait pas d'avoir su qu'ils pouvaient servir à une telle action.

---

1. Cassation, 27 octobre 1815.
2. Cassation, 23 mai 1844; Blanche, *Code pénal*, t. II, p. 177, n° 95.

Le fait simple d'engager quelqu'un à commettre un crime ou un délit, sans aucune des circonstances relatées plus haut, est exonéré de toute pénalité. On ne saurait confondre avec le simple conseil les instructions qui ont le caractère d'un enseignement[1].

Les rédacteurs du Code se sont appuyés sur l'autorité de Servan :

« Celui qui conseille un crime est presque, sans exception,
« regardé comme aussi coupable que celui qui le commet;
« et cela n'est pas toutes les fois que le conseil n'est soutenu
« ni par la corruption à prix d'argent, ni par la séduction
« des passions; jamais un homme qui conseille ainsi le
« crime ne paraît aussi redoutable au public que celui qui
« le commet sans argent, sans fanatisme, sans autorité;
« un conseil n'est rien[2].

Un conseil n'est rien, dit-on!!

A notre esprit se présente, entre autres, une grave affaire d'assassinat toute récente. Une jeune veuve, charmante, habitait avec son beau-père, ét des difficultés étaient nées entre eux. Plusieurs fois, devant le domestique de la maison, elle avait dit, à propos des scènes dont celui-ci était le témoin : « Qui me débarrassera de mon beau-père? » Le domestique devint assassin, et en marchant à l'échafaud il accusait sa maîtresse. Admettons que cette dernière n'eût pas voulu pousser au meurtre par provocation et qu'elle ait parlé légèrement, sans penser à la gravité de ses réflexions;

1. V. Cassation, 24 novembre 1809, 3 septembre 1812, 14 octobre 1825, 16 mars 1826, 16 décembre 1852. Poitiers, 31 mai 1855. Lyon, 14 janvier 1860, etc.

2. « De l'influence de la philosophie sur l'instruction criminelle. » *Œuvres choisies*, t. IV, p. 178, note 1re.

C'est un souvenir du Droit romain.

On lit dans les *Sentences* de Paul, liv. II, tit.- 31, § 10 : « *Non*
« *tantum qui furtum fecerit, sed etiam is cujus opera* AUT *consilio*
« *furtum factum fuerit, furti actione tenebitur.*

Mais il faut bien prendre garde à la définition d'Ulpien, *loco citato*. Il définissait le *consilium* : CONSILIUM *autem dare videtur, qui persuadet et impellit, atque instruit consilio ad furtum faciendum.*

mais aller jusqu'à innocenter un conseil formel et direct[1]!

Le Code pénal prussien du 31 mai 1870, § 49, déclare coupable de complicité celui qui a assisté l'auteur par des conseils. Une loi anglaise de 1861 punit l'excitation même non publique à un attentat contre la vie humaine. De même, le Code pénal portugais, articles 20, n° 4, 22, n° 1; le Code pénal du canton de Fribourg, article 47; le Code pénal suédois du 16 février 1864, chapitre III, § 1.

Comparer le décret du 18 juillet 1791, *suprà*, note 1, page 2.

Il faut que la provocation soit sciemment faite.

Notre Code pénal aurait dû distinguer. Les complices moraux sont véritablement les auteurs du délit. La plupart des législations étrangères modernes, établissant entre les auteurs et les complices des différences de pénalité, assimilent cependant aux auteurs les complices moraux et psychologiques.

Diverses questions peuvent naître quand le provocateur révoque les ordres ou instructions qu'il a données et que malgré cela le délit a été accompli[2].

SECTION II.

DE LA PROPAGANDE SECRÈTE ANARCHISTE, PUNIE PAR L'ARTICLE 2 DE LA LOI DU 28 JUILLET 1894, RÉSULTANT DE PROVOCATIONS OU APOLOGIES DÉTERMINÉES, DANS UN BUT DE PROPAGANDE ANARCHISTE.

Loi du 28 juillet 1894.

ART. 2. — « *Sera déféré aux tribunaux de police correc-*
« *tionnelle, et puni d'un emprisonnement de trois mois à*
« *deux ans et d'une amende de 100 à 2,000 francs, tout*
« *individu qui, en dehors des cas visés par l'article précé-*
« *dent, sera convaincu d'avoir, dans un but de propagande*
« *anarchiste :*

1. Voyez sur la portée, les effets d'un conseil et dans notre sens : Aristote, *Rhétorique*, t. I, cap. VII; Grotius. *De jure pac et bel*, t. II, p. 112; Rossi, *Traité de droit pénal*, t. III.
2. Nous renvoyons à ce sujet au *Traité de Droit pénal* de M. Molinier, annoté par M. Vidal, t. II, pp. 242 et suiv.

« Soit par provocation, soit par apologie des faits spé-
« cifiés auxdits articles, incite une ou plusieurs personnes
« à commettre soit un vol, soit les crimes de meurtre, de
« pillage, d'incendie, soit les crimes punis par l'arti-
« cle 435 du Code pénal. »

§ 1. — *Conditions de ce délit.* — *Appreciations délicates à faire.*

Ce qui est puni, c'est l'incitation, dans un but anarchiste, par provocation non suivie d'effet ou apologie.

Nous avons vu fonctionner le parti anarchiste et observé de quelle manière ses maîtres enseignants travaillent à pervertir l'esprit des élèves qu'ils recrutent, à nourrir leurs cœurs de sentiments de haine et les préparent à devenir des instruments de crimes.

C'est à ces germes de contagion que l'on a cru nécessaire de s'attaquer pour les étouffer.

Pour cela, il a été créé le nouveau délit de propagande *secrète* ayant pour but d'exciter à ces sortes d'attentats.

On a voulu porter le feu de la loi jusqu'aux origines mêmes de l'excitation anarchiste. Mais toujours respectueux de la liberté de penser, le législateur a exigé que la propagation anarchiste, *l'incitation*, pour être punissable, fût constituée par une provocation ou une apologie.

Dans son rapport au Sénat, M. Trarieux a bien précisé :
« Nous tenons à établir qu'aucune répression exagérée ne
« saurait naître de la disposition relative au délit de pro
« pagande clandestine. On s'est inquiété du point de savoir
« s'il serait possible qu'un simple mot, une simple apprécia
« tion proférés dans des conversations particulières pus
« sent, en dehors de toute provocation formelle au crime,
« faire l'objet de poursuites. Nous avons expressément invité
« le Gouvernement à s'expliquer avec nous sur ce point, et
« il nous a autorisés à déclarer qu'il n'y avait de punissa
« bles, pour les propos non publics d'apologie, que ceux qui
« renfermeraient une excitation manifeste à commettre les

« actes criminels auxquels ils se seraient appliqués, ce que
« le texte de l'article 2, attentivement consulté, indique, du
« reste, d'une manière suffisante. »

La circulaire du Garde des Sceaux aux procureurs généraux n'est pas moins explicite.

Les tribunaux devront se baser sur ces déclarations. Dans
le tête-à-tête, dans l'intimité du domicile privé, le propos
tenu pourra n'être que la simple révélation d'une confidence
ou d'un état d'âme. D'autres fois, il s'agira d'un cri de
colère, d'emportement.

Au moment où l'on parle dans l'intimité, c'est à peine
souvent si la pensée prend corps; c'est l'intelligence humaine
surprise dans son enfantement.

Les juges réfléchiront à tout cela, et de même ils pèseront
l'écrit représenté comme constitutif d'une *incitation.*

La provocation ou l'apologie sont nécessaires; elles sont
les moyens et l'incitation devra en être le résultat.

§ 2. — *La provocation peut être indirecte. — Examen
de cette provocation..*

Il ressort des débats devant la Chambre qu'il suffit d'une
provocation indirecte. Un amendement de M. Gauthier de
Clagny, portant : « directement incité », a été rejeté.

L'éducation anarchiste, sa propagande ont, en effet, comme
base, l'excitation générale « indéterminée. »

On a soutenu que la provocation, simple ou indirecte,
n'était au fond qu'une complicité morale, en prenant ce terme
au sens de complicité de tendance.

M. de Courvoisier, rapporteur de la loi du 17 mai 1819,
s'exprimait ainsi : « Le projet ne définit pas la provocation,
« qu'elle soit directe ou indirecte. Si on la reconnaît, elle est
« coupable. Mais à quels signes la reconnaître ? Les signes,
« on ne saurait les préciser dans une loi. C'est au juge que
« le législateur s'en réfère. Quand le juge prononce, la déci-
« sion est moins dans le texte que dans la conscience du
« citoyen. Il pèsera le fait, l'intention et les circonstances.

« Tel écrit, tel discours peut être réputé provocation si quel-
« que germe d'agitation fermente, et ne paraître qu'une opi-
« nion si le calme règne. Le but du projet de loi n'est point
« d'épargner ce que l'intérêt public veut qu'on réprime; son
« effet doit être de protéger l'utile controverse, d'assurer le
« cours des simples doctrines, de séparer enfin l'erreur du
« délit et du crime, pour livrer les uns à la justice et réser-
« ver les autres au jugement de l'opinion. »

M. de Courvoisier entendait par là que, malgré le pouvoir
de contrôle de la Cour de cassation, la formule de la provocation pouvait être libellée de manière à répondre, suivant
les circonstances, aux nécessités de la sécurité publique.

M. de Serre précisa, au contraire, la loi en ces termes :
« M. de Courvoisier a dit que, pour qu'il y eût provocation,
« il fallait que l'écrit engageât directement à commettre le
« crime. Si cette opinion prévalait, elle restreindrait beau-
« coup trop le sens des articles que vous avez adoptés. Il y a
« provocation lorsqu'il y a malignité d'intention dans l'au-
« teur et que l'effet du discours ou de l'écrit est ou a pu être
« tel qu'il dispose au crime ou au délit. »

La provocation indirecte repose sur une induction et non
sur une pure hypothèse.

Chassan (t. I, p. 336) enseignait : « Il se peut même qu'il
« n'ait pas eu l'intention que la provocation fût suivie d'ef-
« fet; mais il n'en sera pas moins réputé complice et puni
« comme tel, alors même que le crime ou le délit réalisé
« n'aura pas été présent à son esprit, pourvu qu'il soit
« démontré que la publication, quoique faite seulement
« dans le but criminel de remuer les passions, a été cepen-
« dant le véhicule du crime ou du délit; car la loi n'exige
« pas, comme élément de l'intention, l'espérance immédiate
« de la réalisation expresse du crime qui a été la suite de la
« provocation. »

Royer-Collard disait à ce sujet : « La provocation indi-
« recte est une question extrêmement délicate. Telle phrase
« obscure n'est comprise par personne, qui devient claire
« par le procès qu'on lui suscite. L'auteur l'avait enveloppée

« de façon qu'elle n'était comprise que d'un petit nombre
« d'hommes exercés à toutes les ruses de l'esprit, et la jus-
« tice la commente et l'explique de manière à la mettre à la
« portée du vulgaire le plus ignorant. Il me semble voir
« dans le texte des passages difficiles qui font le désespoir
« du commun des lecteurs, et, dans l'acte d'accusation ou le
« réquisitoire, la glose qui lève tous les voiles et qui dissipe
« toutes les obscurités. » (*Minerve,* I, p. 331. Voyez la chanson de Béranger : *Halte-là! ou le système des interprétations.*)

Mais la provocation indirecte n'est pas toujours aussi difficile à découvrir. Nous sommes de l'avis de M. Goblet lorsqu'il disait, en 1881 (à un point de vue différent du nôtre,
nous le reconnaissons) : « Le mot direct, vous allez l'appli-
« quer à la forme de la provocation. Ce mot voudra moins
« dire le lien... que la forme même sous laquelle la provoca-
« tion s'est produite. Et alors, est-ce que vous pensez qu'il
« sera difficile à un écrivain, tant soit peu exercé, de faire
« sous une forme indirecte ce qu'il ne pourrait faire ouver-
« tement sans tomber sous le coup de la loi? Je vous
« demande si vous avez la prétention de ne poursuivre que
« la formule expresse et brutale de la provocation et si
« vous laisserez impunies ces provocations qui, sous des
« formes plus habiles et plus perfides, n'en jettent pas
« moins, souvent, un trouble plus profond dans les esprits
« et qui, par cela même, sont à la fois plus criminelles et
« plus funestes? »

La provocation indirecte réunit tous les caractères d'une
infraction punissable, et sa clandestinité ne peut la faire
échapper à l'imputabilité.

. Un autre reproche est formulé. Si, dit–on, on peut concé-
der que le simple conseil de commettre un crime ou un délit
doive être puni par l'article 60 du Code pénal, il est bien
certain que c'est parce que l'effet se serait produit. Or, ici il
ne s'agit pas d'une provocation suivie d'effet; si elle était
suivie d'effet, la personne objet de la provocation deviendrait
anarchiste et il y aurait entente, c'est-à-dire association de

malfaiteurs[1]. Si un crime ou délit suivait « l'incitation », l'article 60 du Code pénal serait inapplicable parce qu'il s'agit dans ce texte d'un fait déterminé ou spécial, tandis que dans l'article 2 on vise des faits indéterminés.

Mais quoique une provocation n'ait pas été suivie d'effet, elle est punissable et la loi nouvelle a bien fait de la réprimer.

Ce n'est qu'à l'aide du paradoxe qu'on peut le contester.

§ 3. — *La provocation qui est réprimée est celle qui est restée sans effet.*

Dans la Chambre des députés, en 1881, M. Floquet s'exprimait ainsi : « Dans la provocation simple, c'est-à-dire
« dans le jugement d'une opération de l'esprit humain, il
« est impossible de trouver aucun des caractères du délit de
« droit commun. Vous parlez de la perversité de l'agent !
« Oui, aux yeux de la conscience vous pouvez dire : telle
« provocation ne peut provenir que d'une âme perverse et
« d'une intelligence altérée. Mais qui jugera ? Ce seront les
« adversaires politiques de celui qui a écrit l'article ou le
« livre incriminé. Et le dommage social ? Il n'est pas dans
« la provocation, il existe dans le cas seulement où un acte
« criminel a été accompli. C'est alors qu'il s'agira de savoir
« — et c'est la seule question qui se posera — si la provo
« cation a pris le caractère d'une complicité ou si elle est
« restée simplement dans la pensée humaine à l'état d'opi-

---

1. D'après la loi du 18 décembre 1893, l'entente est une action combinée, concertée par des faits déterminés. Ici, il ne s'agit plus de concert pour la propagande par l'idée : c'est la propagande par le fait, ce qu'on appelle la reprise sur le capital. .

Le mot entente, a dit M. Clausel de Coussergues, a un sens précis qui atteint d'une manière certaine les personnes contre lesquelles, de quelque façon que ce soit, il y a un lien établi dans le but de commettre ou de préparer un crime. L'entente, c'est le complot ; mais à la différence de ce dernier, ce que l'on veut atteindre ce sont ceux qui se réunissent pour préparer d'une manière générale, et non pas seulement d'une manière spéciale, une série d'actes indéterminés et les moyens de commettre ces actes.

La loi du 18 décembre 1893 ne s'occupe que des *crimes*.

« nion plus ou moins immorale, de conseil plus ou moins
« mauvais qu'on a cherché à faire pénétrer dans l'esprit de
« ses concitoyens. Comment, la provocation est la cause du
« dommage social? à quel moment faudra-t-il que le crime
« soit accompli? Est-ce huit jours, est-ce quinze jours, est-
« ce deux mois après la prétendue provocation? Ira t-on
« jusqu'à la limite de la prescription? Et puis, dès que l'acte
« aura été accompli, vous vous reporterez en arrière, vous
« établirez un lien entre cette pensée humaine manifestée
« par un écrit et l'acte qui y est peut-être absolument étran-
« ger, alors que les personnes qui ont pensé et les personnes
« qui ont agi ne s'étaient peut-être jamais vues, ne s'étaient
« jamais concertées, n'avaient jamais délibéré en commun.
« L'incrimination est-elle à l'abri de l'arbitraire? Com-
« ment, on viendrait soutenir qu'il n'entre pas une dose
« effrayante d'arbitraire dans le fait de juger le caractère
« d'un article de journal, de dire jusqu'à quel point il con-
« tient une discussion animée, ardente mais légitime, ou,
« au contraire, une provocation et une complicité crimi-
« nelles? » (Voir aussi le discours de M. Goblet à la Chambre, séance du 18 juillet 1894.)

C'est la doctrine que soutenait aussi, au Sénat, M. Ni-
nard : « Est-ce dans ces termes que vous acceptez la
« définition rigoureuse, échappant à l'arbitraire, qui est
« indispensable pour constituer le délit? Inspirerez-vous au
« iuge, quel qu'il soit, de peser les intentions, les circons-
« tances, de tenir compte des différences de temps, calmes
« ou troublés, de l'état des esprits, des impressions de l'opi-
« nion publique? Est-ce avec une pareille définition que vous
« le saisirez et que vous le convierez à prononcer sur l'hon-
« neur ou la liberté d'un orateur ou d'un écrivain plus ou
« moins emporté par une parole ardente qui n'aura pas
« trouvé d'écho? »

Contrairement à cette thèse, le philosophe et le juriscon-
sulte n'hésiteront pas à répondre qu'il n'est pas possible de
laisser se produire impunément les provocations les plus
criminelles et d'attendre, pour protéger la société, que ces

provocations aient réalisé leurs conséquences naturelles. Il
est impossible de soutenir que la provocation à un crime, à
un délit, même non suivie d'effet, ne soit pas un acte coupable, moralement très répréhensible et d'un caractère dangereux. Il s'agit là *d'un acte* et non, soit de l'expréssion d'une
opinion, soit de la manifestation d'une doctrine ou d'une
tendance. *Cet acte* constitue une véritable menace à la sécu
rité publique, il cause un trouble appréciable à la société ou
à l'individu, il est redoutable pour la paix sociale.

M. Lenoël, au Sénat, en 1881, l'avait parfaitement compris. Parlant de l'article 25 de la loi du 29 juillet 1881 (qui
est en vigueur), il disait : « Cet article punit, qu'elle ait été
« ou non suivie d'effet, comme un délit bien spécial cette
« fois, la simple provocation des soldats à la désobéissance...
« Mais si les esprits des soldats n'ont pas été troublés, si la
« provocation n'a été qu'une voix dans le désert, où est le
« préjudice, je vous le demande? Et cependant vous punis-
« sez la provocation du soldat à la désobéissance lors même
« que le soldat a résisté à cette provocation. Vous considé-
« rez, et vous avez raison, qu'il ne peut pas être permis
« à un citoyen d'aller provoquer à la désobéissance les
« enfants du pays armés pour sa défense... Vous pensez, et
« vous avez raison, qu'on ne peut pas les exciter à manquer
« au plus noble de leurs devoirs. Vous pensez cela quand il
« s'agit des soldats; pourquoi n'avez-vous pas la même pen-
« sée quand il s'agit d'autres citoyens?... Le dommage
« existe donc sans qu'il soit besoin d'un fait matériel spé-
« cial, tangible, avec lequel il soit possible de calculer la
« perte matérielle. »

§ 4. — *De l'apologie; ce qu'elle est.*

A côté de la provocation indirecte, l'article 2 place l'apologie. Le délit d'apologie, il faut le reconnaître, constitue
une infraction très élastique [1].

1. En 1835, on a fait, notamment, deux applications de l'infraction
d'apologie. L'apologie a été trouvée dans cette phrase : « La Provi-

Au nom de la Commission de la loi de 1835, M. de Salvandy disait : « Ne voit-on pas les journaux établir que la
« révolte est légitime ; que chacun, en vertu de mille sophis-
« mes, a le droit de se révolter sans cesse ; que chacun peut
« descendre dans la rue les armes à la main, tirer sur la
« milice civique ou sur l'armée, tirer sur la loi vivante. On
« établit tous les jours que des actions abominables, que les
« massacres de septembre, par exemple, sont un digne
« modèle à méditer. Nous voulons qu'il soit établi que ce
« qui par la loi est crime en action est aussi crime en dis-
« cours ; que le panégyrique n'est pas permis des actes
« défendus par la loi, condamnés par la morale publique,
« flétris par l'indignation universelle. »

L'apologie se manifeste le plus souvent par une approbation du crime. L'assassinat de M. le Président Carnot a
donné lieu à des manifestations de ce genre qui se rappro-
chent de la complicité par approbation, telle que la recon-
naissaient nos anciens jurisconsultes[1].

« dence a voulu que l'héroïque Vendée sentît sur sa poitrine la bayon-
« nette du soldat. » On a considéré que, à ce moment où la Vendée
se trouvait soumise à un régime exceptionnel à la suite de sa dernière insurrection, c'était faire la glorification de celle-ci. »

L'apologie a été vue aussi dans « les blâmes coupables des déci-
« sions de la justice qui ont réprimé des tentatives de révolte et
« d'apologie de la révolte elle-même. »

« Cette dernière affaire, dit Chassan (t. I, n° 433), m'a paru de
« nature à être signalée à l'attention des juristes pour leur montrer le
« péril où peut entraîner une apologie de faits qui pourraient être
« considérés comme liés à l'histoire contemporaine et comme suscep-
« tibles d'être appréciés par chacun selon ses sympathies. »

1. La Chambre des mises en accusation de la Cour de Toulouse a
décidé, le 11 janvier 1894, que le cri de « Vive Ravachol » constituait
l'apologie du crime de meurtre.

Mais il ne suffirait pas, pour qu'elle existe, que l'écrivain ou l'orateur aient énoncé des faits qualifiés crimes par la loi ; il faut encore
que l'écrit ou le discours renferme une apologie de ces faits. La Cour
de cassation a le droit de reviser les appréciations faites au point de
vue de la qualification légale. Les juges du fond ne statuent souve-
rainement que sur les questions de bonne foi et d'absence d'intention
coupable. (Cassation criminelle, 10 mars 1865.)

La règle est la même en matière de provocation quant aux pouvoirs de la Cour suprême.

L'exposé des motifs du projet de loi du 12 décembre 1893 dit que la loi ne peut laisser la société sans défense contre des excitations qui constituent un danger social, au même titre que la provocation directe : « Qu'est-ce, en effet, que « l'apologie d'un attentat comme le meurtre, le pillage, « l'incendie, la destruction d'un édifice à l'aide d'engins « explosifs, etc..., sinon la *provocation* au renouvellement « d'actes de même nature? Produisant les mêmes effets, elle « doit exposer ceux qui s'en rendent coupables à la même « répression. »

Dans sa circulaire aux procureurs généraux, le Garde des Sceaux a dit : « L'apologie d'actes criminels constitue, sous « une forme détournée, une excitation à les commettre aussi « dangereuse que la provocation directe. »

Au Sénat (13 décembre 1893), M. Trarieux, rapporteur, a déclaré, au sujet de l'apologie : « Quoique cette innovation « nous ait paru délicate à admettre, nous avons été unanime- « ment d'accord pour reconnaître son caractère de nécessité. « Vous avez tous présente à l'esprit la glorification dont « sont l'objet, dans certaines réunions et dans des articles « de journaux, les crimes abominables qui jetaient dans le « pays, ces jours derniers, une émotion si profonde, et il « n'est pas besoin de vous démontrer l'intérêt social qu'il « peut y avoir à couper court à des encouragements et à « des excitations qu'il serait désormais impossible de croire « inoffensifs et qui n'ont déjà fait sur certains esprits per- « vers ou fanatiques que trop de ravages. »

Dans la séance de la Chambre des députés du 11 décem- bre 1893, le Garde des Sceaux a déclaré qu'au fond il n'exis- tait pas une grande différence entre la provocation même directe non suivie d'effet et l'apologie : « Qu'est-ce, en effet, « que la provocation directe? C'est le conseil directement « donné de commettre un crime, de suivre les traces d'un « Pallas, d'un Léauthier. Qu'est-ce que l'apologie? C'est la « glorification de ces prétendus héros de l'anarchie, donnés « en exemple à des esprits faibles et dévoyés, qu'on dirige « ainsi, plus lentement, mais plus sûrement, vers le but

« qu'on se propose, et auquel on ne les aurait peut-être pas
« conduits par une provocation directe et trop violente. »

Dans la même séance, M. Pourquery de Boisserin a dit
également : « La louange du crime est la plus directe des
« provocations. Pour les esprits faibles, elle transforme les
« pires scélérats en héros ; pour les aigris, les malheureux,
« les désespérés, les utopistes, elle ajoute à leur désespé-
« rance le mirage de la renommée, excite leur imagina-
« tion déjà exaltée par la souffrance. Cette provocation par
« l'approbation et la louange sera désormais punie. » (*Journal officiel* du 12 décembre 1893, *débats parlementaires*,
p. 209.)

Au fond, l'apologie est la complicité par approbation et
louange de notre ancien droit.

Y aurait-il délit à faire l'apologie d'un assassinat ou de
tout autre attentat qui, ayant perdu l'odieux du crime, aurait
pris dans l'histoire les proportions nouvelles d'un acte
d'héroïsme ou de salut public ? Ce sera une question d'appréciation. En tous cas, on ne saurait confondre une étude
historique ou morale sérieuse, avec un écrit, un propos, qui
ne seraient qu'un moyen de faire l'anarchie et la démorali-
sation dans les esprits, pour aboutir à l'anarchie et à la
révolte du crime dans la rue.

§ 5. — *A quelle catégorie de délits ou de crimes faut-il
que la provocation ou l'apologie s'appliquent ?*

Mais il faut remarquer que la propagande anarchiste
non publique ne sera punissable que s'il s'agit de commettre
soit un vol, soit des crimes de meurtre, de pillage, d'incendie, soit les crimes prévus par l'article 435 du Code
pénal.

La circulaire du Garde des Sceaux précise que : « L'énu-
« mération intentionnellement limitative de l'article exclut
« toute possibilité d'arbitraire dans l'application de la loi. »
Il faut qu'il s'agisse, en effet, de faits très graves.

§ 6. — *Il faut que le délinquant agisse dans un but de*
propagande anarchiste.

Nous renvoyons à ce que nous avons dit plus haut, Ire partie, titre III, chapitres III et IV.

§ 7. — *Quels sont les moyens de commettre la provocation*
ou l'apologie ?

Le projet du Gouvernement portait : « à l'aide de moyens quelconques. » La rédaction définitive « en dehors des cas », revient à la même idée. Le délit peut être commis, non seulement par les modes énumérés dans l'article 23 de la loi du 29 juillet 1881 que nous retrouverons plus loin, mais encore par tous autres procédés, par exemple à l'aide de dessins, de gravures, d'emblèmes. Il importera peu que la provocation ou l'apologie soient proférées ou chuchotées. Le lieu importera peu : foyer domestique, réunions privées, conliabules cachés. Le délit pourra résulter de la correspondance privée, d'une chanson, etc. [1].

§ 8. — *Faut-il plusieurs faits de provocation*
ou d'apologie ?

Il a été bien spécifié par le rapporteur qu'un seul fait suffisait [2].

---

1. Deux amendements de M. Charpentier ont été rejetés.
Le premier portait : « Aucun citoyen ne pourra être recherché pour « lettre privée écrite et adressée par lui à un particulier. »
Le second était ainsi conçu : « Aucun citoyen ne pourra être « recherché à raison d'un propos tenu par lui dans son domicile. »
2. Deux amendements ont été repoussés.
Le premier, présenté par M. de Ramel, ajoutait : « *Réitérées* » après apologie.
L'autre, de M. d'Hugues, portait : « *D'avoir, à maintes reprises, et dans un but déterminé de propagande anarchiste.* »

§ 9. — *Le Tribunal de Police correctionnelle est compétent.*

C'est le droit commun pénal qui est applicable et non les règles de la loi de la presse.

Mais par exception, comme nous le verrons, la déposition d'un seul témoin ne suffit pas, si elle n'est corroborée par des charges que doit viser le jugement.

L'exception d'incompétence ne peut être soulevée devant le tribunal correctionnel dans tous les cas prévus par notre article. Le caractère anarchiste est ici un élément essentiel et constitutif du délit.

Voir les observations du Commissaire du Gouvernement dans la séance du 25 juillet 1894.

La procédure des flagrants délits est-elle applicable? Le Garde des Sceaux (séance du 25 juillet 1894), répondant à M. Viviani, a dit que pour les inculpés qui seraient poursuivis pour la première fois on pouvait y avoir recours. Mais la loi de 1863, article 7, l'interdit en matière de lois spéciales, et c'est bien ici le cas. Ce qui trancherait la difficulté, c'est que l'amendement déposé par M. Viviani n'a pas été adopté. Dès lors, la déclaration du Garde des Sceaux aurait été sanctionnée et on aurait ainsi dérogé à la loi de 1863.

La prescription est de trois ans [1].

§ 10. — *Quelle est la peine?*

La loi édicte la peine de trois mois à deux ans d'emprisonnement et une amende de 100 à 2,000 francs.

L'article 463 du Code pénal et la loi Bérenger sont applicables.

L'emprisonnement sera subi à titre individuel, et en cas de

---

1. Un amendement de M. de Ramel limitant la prescription à trois mois a été rejeté.

récidive la relégation pourra être appliquée. Le compte rendu des débats peut être interdit.

Nous étudierons ces dispositions particulières dans un chapitre distinct.

TITRE II.

DE LA PROVOCATION ET DE L'APOLOGIE, PUBLIQUES, PAR LES SEULS MOYENS ÉNONCÉS EN L'ARTICLE 23 DE LA LOI DU 29 JUILLET 1881.

Réflexions préliminaires.

Mais voici que celui qui, chez lui, dans son cabinet, dans sa maison, a fait une provocation secrète, dépourvue de tous les caractères de l'article 60 du Code pénal, et dès lors non punissable, sort de son domicile, va sur son perron, s'adresse à la foule réunie, et, par la même provocation, fait appel aux passions, ou bien, s'il ne se sert pas de la parole, il use des écrits, de la presse.

Il est d'évidence que la provocation qui se produira publiquement ne s'appuiera jamais[1] — ou presque jamais —

---

1. « Ici, le provocateur n'emploiera ni menaces, ni promesses ; mais
« il est dans des réunions nombreuses, sur la place publique, il a la
« supériorité de l'intelligence, il a ce don merveilleux de l'entraîne-
« ment de la parole, qui est une séduction et presque un joug, la har-
« diesse, la passion. Au grand jour, au milieu de l'effervescence, il
« allume la guerre civile : peut-on refuser de lui appliquer la peine
« de la complicité ? »

(Discours de M. Robert de Massy, député).

« Subissant l'influence de l'écrit' ou de la parole, quelques-uns des
« lecteurs ou des auditeurs égarés iront commettre un crime, un
« attentat, aujourd'hui contre la propriété privée, demain contre la
« tranquillité publique, et il faudrait admettre ce résultat que, tandis
« que ceux qui n'ont commis le crime que sous l'influence de la pro-
« vocation brûlante qui leur était versée seraient responsables devant
» la justice du pays, celui qui est le véritable auteur, celui sans lequel
« les actes criminels n'auraient pas été commis, pourra se réfugier
« dans une abstention prudente, assister au désastre et à la punition

d'offres d'argent, de menaces, etc. On ne conçoit pas bien un article de journal proposant de payer l'auteur du fait suggéré.

CHAPITRE PREMIER.

DE LA PROVOCATION, PUBLIQUE, DIRECTE, SUIVIE D'EFFET.
(ARTICLE 23 DE LA LOI DU 29 JUILLET 1881.)

ARTICLE 23 de la loi du 29 juillet 1881 : « *Seront punis* « *comme complices d'une action qualifiée crime ou délit* « *ceux qui, soit par des discours, cris ou menaces proférés* « *dans des lieux ou réunions publics, soit par des écrits,* « *des imprimés vendus ou distribués, mis en vente ou ex-* « *posés dans des lieux ou réunions publics, soit par des* « *placards ou affiches exposés aux regards du public, au-* « *ront* DIRECTEMENT *provoqué l'auteur ou les auteurs à com-* « *mettre ladite action si la provocation a été suivie d'effet.*

« *Cette disposition sera également applicable lorsque la* « *provocation n'aura été suivie que d'une tentative de* « *crime prévue par l'article 2 du Code pénal.* »

« de ceux qui n'eurent que le tort de croire ou à sa parole ou à ses « écrits. »   (Discours de M. Agniel, député).

Voir ces discours dans l'ouvrage de Cellier et Le Senne : *Travaux préparatoires de la loi de 1881.*

La légitimité de la peine qui atteint la provocation publique est proclamée par Montesquieu : « Ce ne sont pas, dit-il, les paroles ou « les écrits que la loi punit, mais bien une action commise, dans « laquelle les écrits ou la parole sont employés et dont ils sont les « signes extérieurs. » *Esprit des lois*, livre XII, alinéa 12. — Ortolan, *Droit pénal*, tome I, n° 1267.)

Nous préférons de beaucoup cette définition de Montesquieu à celle du législateur moderne, qui voit dans la publication l'élément essentiel et dangereux du délit. Pour nous, nous l'avons dit, la publication est une simple circonstance aggravante du fait principal de provocation, qui est punissable parce qu'il a tous les caractères d'une infraction pénale de droit commun.

§ 1er. — *La provocation doit être directe et suivie d'effet.*

La provocation doit, pour tomber sous l'application de notre article, être suivie d'effet.

Elle doit encore être *directe,* c'est-à-dire établir un lien immédiat entre le provocateur et le délinquant[1].

Quand la provocation est-elle *directe ou spéciale ?*

La seule provocation punissable doit être *directe ,* a dit M. Babaud-Laribière, lors de la discussion de la loi du « 7 juin 1848. « Prenez-y garde, nous sommes ici en ma-« tière pénale et en matière de presse ; il s'agit de choses « délicates qui ont excité sous le régime déchu tant de cho-« ses inqualifiables. On pourrait vous citer tel journal , tel « discours, dont on avait extrait une phrase, pour dire que « cette phrase avait une intention, un but coupables, alors « que cette intention et ce but ne ressortaient pas réellement « de la pensée de l'article ou du discours. — Il faut être « sévère contre les provocateurs aux crimes, mais il faut « que les provocations soient manifestes, qu'elles soient « patentes, qu'elles soient flagrantes ; il faut que la loi dise « que la provocation soit expresse et ressorte manifeste-« ment, non pas de l'esprit seulement, mais des termes « mêmes, de la lettre même de l'article, sans cela vous vous « jetteriez dans une voie où il n'y a pas un journal, pas un « discours, pas une publication qui ne puisse devenir l'objet « d'un procès, et vous verriez recommencer cette série « inqualifiable de procès de tendance qui a heureusement « disparu. » (*Discours à l'Assemblée nationale.*)

Lors de la discussion de la loi du 29 juillet 1881, M. Bozérian a dit au Sénat : « Je ne crois pas que jamais il arrive

---

1. Cette expression *directe* se trouve pour la première fois dans le Code pénal des 25 septembre-6 octobre 1791, titre III, article 2.

L'ancien article 102 du Code pénal de 1810 exigeait, d'après la jurisprudence, la relation *directe.*

Voir aussi les articles 203 et suivants du même Code et la loi du 7 juin 1848.

« qu'un journaliste, si ardent, si coupable soit-il, puisse
« avoir à redouter la peine de mort. C'est qu'il y a dans
« l'article un mot très rassurant pour les journalistes ou
« pour ceux qui, à défaut de la plume, font usage de la
« parole ; c'est que pour arriver à établir l'égalité dans la
« peine il faut démontrer que le journaliste ou le parleur a
« provoqué *directement à un fait spécial*. Si l'on vous dit :
« Mais quoi ! vous allez donc atteindre, comme provocation
« au crime, l'apologie de Brutus (ou d'Harmodius)..., vous
« pourrez répondre : Non ! car il n'est pas possible d'établir
« la relation directe de la cause à l'effet. Cela suffit à me
« rassurer. »

A la Chambre des députés, à l'occasion de la même loi,
M. Ribot avait bien précisé : « Vous avez déclaré que vous
« puniriez comme complice de tout crime ou de tout délit
« celui qui aurait provoqué directement à le commettre, et
« vous n'avez exigé qu'une condition : c'est qu'il y ait un
« lien certain, évident, direct entre la provocation et le
« crime ou le délit tenté ou consommé. » (Voyez Cellier et
Le Senne, pp. 252, 319.)

Dans la discussion du projet de loi du 19 mai 1892 (qui
n'aboutit pas), M. Bardoux ayant questionné au Sénat le rapporteur, M. Trarieux, sur ce qu'était, d'après lui, la provocation directe, ce dernier répondit : « Nous devons simplement
« nous référer pour le sens de ce mot à la pratique de douze
« années et à l'interprétation de la jurisprudence, ce qui est
« infiniment plus sage que d'émettre des thèses. Mais on
« sait ce que signifie l'expression provocation directe au
« vol ; on entend dire par là qu'il ne sera pas permis de voir
« ce délit dans l'expression d'une simple doctrine ou d'une
« théorie philosophique touchant le droit de propriété, et
« qu'il n'existera que si le but de la théorie a été de con-
« duire à l'action du vol, qui est l'acte que la loi a seule-
« ment l'intention de prévenir. » (Sénat, séance du 19 janvier 1893.)

Pour le même projet, M. Lasserre, rapporteur à la Chambre, disait : « Nous n'avons pas voulu supprimer le qualifi-

« catif « directement », ce qui aurait permis alors d'attein-
« dre des provocations vagues ou incertaines et de rétablir
« le délit qu'ont supprimé nos devanciers : le délit d'apo-
« logie d'un fait qualifié crime...[1]. »

Il ne s'agit donc pas seulement d'une excitation générale,
d'un soulèvement de passions, desquelles auraient pu résulter ensuite des actes coupables. Il s'agit d'un appel direct à
commettre tel crime, tel délit précis, par exemple, à aller
mettre le feu à tel édifice, à telle forêt, à se porter sur tel
établissement et à s'en emparer ou à le détruire, à envahir
le domicile de telle personne pour la tuer.

Il est clair que les juges, au cas de provocation *directe*,
ont à déjouer les ruses ou artifices dont on pourrait user. Un
exemple suffira. En 1882 et 1883 des manifestations s'étaient
produites à la Ricamaric. Les journaux révolutionnaires
de Lyon qui les avaient préconisées avaient été condamnés
en vertu de l'article 6 de la loi du 7 juin 1848, lequel
exige que la provocation soit directe. En 1884, un autre
journal essaya d'éluder la loi. Il publia ceci en tête d'un
de ses numéros : « Nous recevons d'un groupe de Saint-
« Étienne un appel conviant nos amis à la Ricamaric,
« dimanche prochain, à neuf heures, devant le cimetière;
« mais pour ne pas donner matière à des poursuites, nous
« nous abstenons de le publier. On comprendra notre
« réserve. »

Le journal a été condamné. C'était la formule seulement
qui était indirecte.

1. Ainsi il a été jugé qu'il faut qu'il existe une relation certaine
entre la provocation et les crimes auxquels on la rattache. Spéciale-
lement, l'article de journal qui peut être considéré comme renfermant
un appel direct aux puissances étrangères en vue d'hostilités contre
la France ne constitue pas une provocation directe et précise aux
Français de porter les armes contre la France, et aux individus
Français ou étrangers d'entretenir des intelligences ou de pratiquer
des manœuvres avec les ennemis de l'Etat pour faciliter leur entrée
sur le territoire et les dépendances de la République.
(Cassation criminelle, 5 janvier 1883. Cpr. C., 6 janvier 1821.)

§ 2. — *Mais est-il nécessaire qu'il y ait un lien direct avec l'auteur du crime ou du délit ?*

Il ne sera pas pourtant nécessaire, selon nous, que le provocateur ait été en rapports directs et personnels avec l'auteur du crime ou du délit. Il doit suffire que le crime ou le délit aient suivi la provocation et en aient été la conséquence.

Puisqu'ils ont été le résultat de la provocation, pourquoi exiger qu'ils aient été dans la pensée de l'excitateur? Pourvu que l'incitation soit caractérisée, intentionnelle, elle tombe sous le coup de l'article. Le provocateur doit être réputé complice et puni comme tel, s'il est démontré que la publication, quoique faite seulement dans le but criminel de remuer les passions, a été cependant la cause déterminante, directe, du crime ou du délit, en faisant germer, en éveillant, en suggérant l'idée, l'intention, la volonté de les commettre.

La complicité étant ici d'une nature particulière, on ne saurait soutenir qu'il faut que le discours ou l'article présentent le caractère d'une véritable instruction donnée au sens de l'article 60 du Code pénal. Dans une réunion publique, par exemple, l'orateur ne connaît pas la plupart du temps ceux auxquels il s'adresse [1]. Néanmoins, l'écrivain ou l'orateur pourront justifier par tous les moyens que leur provocation n'a ni encouragé ni suggéré la pensée de l'auteur; que le crime ou le délit étaient déjà dans ses intentions, et qu'en réalité rien ne rattache leurs visées et leurs arrière-pensées à la volonté de l'agent coupable, avec lequel il n'a eu aucune espèce de rapports [2].

On remarquera que, dans l'article 23, il n'est pas question

---

1. Voir conforme : Chassan, t. I, n° 430, *Contrà;* de Grattier, t. I, p. 141, n° 3; Serrigny, *Traité du droit public des Français*, t. II, p. 61.
2. Rousset, n° 932.

d'apologie. On a reculé, à tort, devant une complicité de cette nature.

§ 3. — *La provocation doit être intentionnelle. Elle doit être publique, à l'aide de certains moyens de publication. Lacune pour gravures,* etc.

La provocation doit être intentionnelle. Cela va sans dire.

Elle doit être publique. La publicité ne peut résulter que de l'un des moyens taxativement énumérés dans notre article 23 et étudiés dans notre *Traité des infractions de la presse*.

L'article 23, à la différence de l'article 1er de la loi du 17 mars 1819, ne parle pas des *peintures, gravures, dessins* et *emblèmes*. On en abusera certainement avec impunité, à la condition de ne pas mettre de légende.

Un discours, un écrit peuvent ne pas constituer, dans certaines circonstances, un moyen aussi dangereux qu'une image ou emblème. Horace a dit avec raison :

Segnius irritant animos demissa per aures
Quam quæ sunt oculis subjecta fidelibus.

Supposons un tableau représentant l'assassinat du Président de la République avec des gens applaudissant, offrant une couronne au meurtrier. Il est regrettable qu'on ne puisse pas poursuivre.

Cela n'a pas grande importance dans l'application de notre texte, où il s'agit de la provocation directe, mais cela est fort sérieux quant à l'apologie et à la provocation indirecte.

§ 4. — *Compétence du Jury. — Anomalies. — Connexité.*

C'est la Cour d'assises qui est compétente.

Même en matière de provocation suivie d'effet, à un délit de vol, et alors même que le provocateur aurait un complice de droit commun, c'est la Cour d'assises qui est compétente, bien que la loi attribue aux tribunaux correctionnels la connaissance des délits. C'est là un résultat privilégié, anormal. La Cour de cassation a jugé que si, de deux ou plusieurs délits distincts, mais connexes, l'un est un *délit de presse* (c'est notre cas en ce moment), il détermine la juridiction de la Cour d'assises pour les autres délits, alors même que ceux-ci n'appartiendraient pas à cette juridiction. (Cassation criminelle, 3 mai 1832.)

L'article 227 du Code d'instruction criminelle n'est d'ailleurs pas limitatif en matière de connexité, et il y aura intérêt à joindre les procès pour que l'auteur du délit comparaisse à côté du provocateur.

Ce sont les règles non du droit commun qui sont applicables, mais bien celles de la loi de presse. Cela est très intéressant, surtout pour la prescription. Mais l'auteur du crime ou du délit ne pourra pas se prévaloir de l'extinction de l'action au regard du provocateur.

Il est néanmoins fort singulier que le délinquant proprement dit soit soumis à la prescription de trois ans, tandis que le provocateur jouira de l'impunité après trois mois. On peut même supposer le cas où la provocation, longtemps ruminée, recevra son effet après les trois mois écoulés.

§ 5. — *Combinaison de notre texte avec l'article 60 du Code pénal.*

En combinant notre article 23 avec l'article 60 du Code pénal, il en résulte que, non seulement l'auteur du délit peut avoir un complice dans le provocateur, mais que ce provocateur lui-même peut avoir aussi un complice dans celui qui l'a excité à la provocation (par un des moyens de l'article 60) ou qui lui a donné des instructions. Dans le cas des articles 24, 25, il importe peu que la provocation n'ait pas été suivie d'effet. Celui qui a fourni les matériaux d'un article de journal, d'un discours, d'une apologie, provoquant aux crimes de meurtre, et au délit et au crime de vol, à la désobéissance des militaires, sera aussi complice, tou-

jours à la condition de rentrer dans l'énumération du Code
pénal et d'avoir dépassé la limite du simple conseil.

§ 6. — *Un discours ou un écrit ne peuvent-ils pas consti-*
tuer un délit de droit commun ?

On doit prendre garde aussi que, si un discours ou un
écrit constituent, presque toujours, un crime ou un délit
dans les conditions spéciales des articles 23 à 25, ils pourront quelquefois être envisagés sous un autre aspect, et à
titre de complicité réelle d'un crime ou d'un délit, pour avoir
sciemment concouru à un crime ou délit déterminé. Ce n'est
plus alors une affaire de presse proprement dite : la complicité n'est plus fictive, elle est réelle. La question s'est
posée par deux fois, en 1834 et 1841, devant la Cour des
Pairs, dans les célèbres procès contre MM. Marrast et Dupoty, poursuivis comme complices de complots et d'attentats.

Le procureur général Hébert, dans son réquisitoire, faisait bien ressortir cette différence. Les articles de journaux
incriminés n'étaient pas considérés comme de simples délits
de la presse. La provocation directe par la voie du journal
à un complot qui s'était formé s'était manifestée par un
attentat : « Nous disons que si nous trouvons l'accusé *Dupoty*
« avec l'adresse, la prudence qui le caractérisent, enseignant
« à tous ceux qui sont disposés à conspirer, à ceux-là même
« qui ont à vous rendre compte de leur conduite, leur en-
« seignant à se rallier, à s'unir, les exaltant par des ban-
« quets, si nous le trouvons égarant leur esprit, l'excitant
« tous les jours par des provocations . ... que dans cette en-
« treprise persévérante il ne s'occupe que d'une chose, le
« soin de ne pas se compromettre personnellement ; alors,
« messieurs les pairs, il y a complicité par des moyens que
« la *loi commune,* LA LOI COMMUNE, entendez-vous, qualifie
« et caractérise. »

§ 7. — *Quelle est l'imputabilité édictée par la loi du 29 juillet 1881.*

Celui qui profère la provocation ou l'apologie oralement ou par écrit, en dehors de tout article de journal, est évidemment l'auteur même; mais lorsqu'il s'agit d'un journal, la loi de Presse a établi des responsabilités particulières.

L'article 42 est formel. Ce n'est qu'à défaut de l'éditeur ou du gérant que l'auteur d'un livre, d'un article, peut être poursuivi comme auteur principal. L'éditeur, le gérant connus et résidant en France, sont, aux yeux de la loi, les auteurs principaux[1].

Le gérant peut être poursuivi comme auteur principal, sans qu'il y ait obligation pour le ministère public de poursuivre l'écrivain comme complice[2].

En d'autres termes, il y a possibilité de poursuivre l'auteur en même temps que le gérant, mais il n'y a pas nécessité à les associer dans la même action judiciaire; il n'existe aucune solidarité entre les deux poursuites. Une question autrement délicate est celle de savoir si l'auteur peut être poursuivi comme complice, quand le gérant connu, et résidant en France, n'est pas lui-même mis en cause comme auteur principal. Faut-il que la poursuite soit simultanée? Le gérant peut mourir avant les poursuites, il peut être protégé par l'immunité parlementaire.

Dans une opinion, on soutient que l'auteur peut être poursuivi, mais seulement comme complice, et que l'article 43 n'a jamais entendu exiger que la mise en cause du gérant fût indispensable à la validité de la poursuite pour complicité dirigée contre l'auteur[3].

L'opinion contraire s'appuie sur le texte de l'article 43 § 2,

---

1. Lyon, 23 janvier 1884. — Paris, 5 mars 1884 (Palais, 1884, I, 425 et 426). Voir *suprà*, page 26, note 1.

2. C. 17 juin 1892.

3. Lisbonne, *Lois nouvelles*, 1884, 3me partie, p. 9. — Barbier, *Code expliqué de la Presse*, t. II, no 810.

qui dit expressément que l'auteur sera poursuivi comme complice quand le gérant sera en cause[1].

Nous partageons cette dernière doctrine, en y apportant un tempérament. Lorsque le gérant pourra être poursuivi, il faudra qu'il soit mis en cause pour que l'auteur soit également poursuivi. Mais si le gérant n'est pas connu, s'il est décédé (avant toute poursuite), s'il ne peut pas être poursuivi par cause de l'immunité parlementaire, on pourra séparément agir contre le complice. Qu'on ne dise pas que la responsabilité pénale s'était fixée définitivement sur la personne du gérant. Nous ne voulons pas opérer une dévolution, nous donnons à la loi sa signification. Elle n'a pas entendu assurer l'impunité de l'auteur.

§ 8. — *Récidive, Procédure, Saisie, Arrestation préventive.*

L'infraction de l'article 23 est exonérée de la récidive. Le réquisitoire, la citation doivent être rédigés dans les formes particulières des articles 48 et 50.

La saisie, l'arrestation préventive sont-elles autorisées? La loi du 12 décembre 1893, en modifiant les articles 24 et 25 comme nous allons le voir plus loin, a permis de recourir à ces mesures, sauf lorsqu'il s'agit de provocations aux crimes contre la sûreté intérieure de l'État.

Dans la précipitation de la rédaction de la loi on a omis de permettre la saisie. Dans les cas de l'article 23, nul doute, pour nous, malgré ce défaut de référence, qu'il n'y ait applicabilité. Il en est de même, pour la confiscation des exemplaires saisis préventivement, au cas de condamnation.

La saisie n'étant autorisée que pour les écrits ou imprimés, placards ou affiches, on ne peut faire mainmise sur la composition, les planches et les presses.

L'arrêt de condamnation peut enfin ordonner la saisie et

---

1. C. 28 juillet 1883. — Montpellier, 7 avril 1892; Palais, 1893, II, 69; Aix, 6 janvier 1893; journal *la Loi*, 1893, n° 224.

la destruction totale ou partielle de tous les exemplaires
d'écrits ou d'imprimés, qui seraient, postérieurement à la
condamnation, mis en vente, exposés au regard du public
ou distribués.

Ce que nous avons dit pour l'article 23 de la combinaison
avec l'article 60 s'applique ici, en ce sens que l'on peut
avoir fourni les moyens d'accomplir la provocation non
suivie d'effet.

CHAPITRE II

PROVOCATIONS PUBLIQUES DIRECTES ET APOLOGIES, PUBLIQUES, NON SUIVIES D'EFFET.

Article 24 de la loi du 29 juillet 1881, modifié par la loi du 12 décembre 1893,
et article 1er de la loi du 28 juillet 1894 relatif à l'anarchisme.

Loi du 29 juillet 1881, modifiée par la loi du 12 décembre 1893.

ART. 24. — « *Ceux qui, par les moyens énoncés en l'ar-*
« *ticle précédent, auront* DIRECTEMENT PROVOQUÉ *soit au vol,*
« *soit au crime de meurtre, de pillage et d'incendie, soit à*
« *l'un des crimes punis par l'article 435 du Code pénal,*
« *soit à l'un des crimes et délits contre la sûreté extérieure*
« *de l'État prévus par les articles 75 et suivants, jusques*
« *et y compris l'article 85 du même Code, seront punis,*
« *dans le cas où cette* PROVOCATION N'AURAIT PAS ÉTÉ SUIVIE
« D'EFFET, *d'un à cinq ans d'emprisonnement et de 100 à*
« *3,000 francs d'amende.*

« *Ceux qui, par les mêmes moyens, auront directement*
« *provoqué à l'un des crimes contre la sûreté intérieure de*
« *l'État prévus par les articles 86 et suivants, jusques et*
« *y compris l'article 101 du Code pénal, seront punis des*
« *mêmes peines.*

« *Seront punis de la même peine ceux qui, par l'un des*
« *moyens énoncés en l'article 23, auront fait* L'APOLOGIE
« *des crimes de meurtre, de pillage, ou d'incendie, ou de*

« *vol, ou de l'un des crimes prévus par l'article 435 du*
« *Code pénal.* »

Loi du 28 juillet 1894.

ARTICLE PREMIER. — « *Les infractions prévues par les*
« *articles 24, paragraphes 1 et 3, et 25 de la loi du*
« *29 juillet 1881, modifiés par la loi du 12 décem-*
« *bre 1893, sont déférées aux tribunaux de police correc-*
« *tionnelle lorsque ces infractions ont pour but un acte de*
« *propagande anarchiste.* »

Ces deux infractions sont soumises à diverses règles qui
leur sont communes; d'autres, au contraire, ne sont applicables qu'à la seconde.

§ 1ᵉʳ. — *Règles communes aux deux infractions. — Apologie du vol. — Applicabilité de la loi de la presse aux
deux cas.*

1° Les moyens à l'aide desquels le délit peut être commis,
sont, ceux-là seuls, qui constituent la publication et qu'énu-
mère l'article 23 [1].

2° La provocation doit être *directe* et nous nous référons
à notre explication de l'article 23. Il n'est pas besoin qu'elle
soit suivie d'effet.

La provocation directe n'est punissable qu'autant qu'elle
s'applique aux crimes de meurtre, de pillage, d'incendie, à
l'un des crimes contre la sûreté extérieure de l'État et au
vol [2].

---

1. Nous renvoyons pour eux à notre traité des « *Infractions de la
parole, de l'écriture et de la presse, n*ᵒˢ 709 et suivants.
2. Dans la séance du 4 mars 1893, à la Chambre des députés,
M. Bovier-Lapierre demandait la suppression des mots « soit au
vol » : « Si vous n'adoptiez pas mon amendement, vous rétabliriez
« le délit de provocation à la désobéissance aux lois. Vous rétabli-
« riez le délit d'attaque au principe de la propriété. Bientôt vous se-
« riez appelés à faire revivre le délit d'attaque aux droits de la
« famille. Vous entrez dans le rétablissement des délits d'opinion.
« Des discours ou des articles contre le droit de propriété ne sont
« cependant que des théories quand ils n'ont aucune relation avec

L'apologie du vol, des crimes de meurtre, de pillage, d'incendie, ou de l'un des crimes contre la sûreté extérieure de l'État, est assimilée à la provocation.

3° Il suffit d'une seule provocation ou d'une seule apologie; quant à la preuve à faire, il n'existe aucune restriction. La déposition d'un témoin unique peut suffire.

4° La peine principale est la même (1 an à 5 ans d'emprisonnement et une amende de 100 francs à 3,000 francs.)

5° Dans les cas prévus à l'article 24, §§ 1 et 3, la saisie des écrits ou imprimés, des placards ou affiches, a lieu conformément aux règles du Code d'instruction criminelle, et le prévenu peut être arrêté préventivement[1]. S'il y a condam-

« un vol auquel ils se rattachent directement ... Proudhon aurait pu « être poursuivi avec le texte de l'article... Je vous prie de ne pas « créer le nouveau délit de presse que M. Trarieux appelle le délit « d'excitation à la violation du droit pénal... »

M. Trarieux, dans son rapport au Sénat (19 mars 1892), avait répondu par avance : « La crainte de gêner la liberté de la pensée en « érigeant en délit la provocation au vol, n'est-elle pas un scrupule « des plus exagérés? Sans doute, on a raison de ne pas vouloir limi- « ter la faculté de mettre en question les principes d'ordre général « sur lesquels la société repose; mais autre chose est d'attaquer, en « théorie, la propriété privée et de réclamer des réformes sociales « qui, pour nous sembler chimériques, n'en sont pas moins discuta- « bles; autre chose est d'exciter d'une manière positive à la violation « du droit pénal, garantie nécessaire de la sécurité des citoyens. En « frappant le vol, le Code pénal n'a pas cru faire obstacle aux con- « ceptions les plus hardies du socialisme; frapper la provocation au « vol ne sera pas davantage y porter atteinte : ce sont là des actes « précis de désordre dans lesquels se rencontre tout ce qui peut jus- « tifier le droit de punir, à savoir une violation de la loi morale et la « légitime défense pour l'intérêt public. »

(La provocation au vol se distingue de la provocation au pillage, en ce qu'il s'agit de soustraction frauduleuses intéressant individuellement les simples particuliers. Le pillage est un crime contre la chose publique (propriétés nationales) ou contre les propriétés d'une généralité de citoyens. Il suppose l'action collective de bandes armées pour saccager et pour détruire.)

On remarquera que pour l'apologie on ne vise pas les crimes contre la sûreté intérieure et extérieure de l'Etat. C'est à cause du danger qu'offre l'élasticité d'interprétation de l'apologie.

1. On peut, en pleine réunion publique, arrêter un délinquant. Il n'y a pas à tenir compte de période électorale ouverte. Un amendement

nation, l'arrêt pourra prononcer la confiscation des écrits, imprimés. placards ou affiches saisis, et, dans tous les cas, ordonner la saisie et la suppression ou la destruction (totales ou partielles) des exemplaires saisis ou exposés aux regards du public (art. 49 modifié par la loi du 12 décembre 1893).

6° Les règles spéciales à la loi du 29 juillet sont applicables aux deux infractions, malgré que la compétence soit différente pour chacune d'elles[1].

Cela a été bien précisé dans la discussion à la Chambre des députés, et le Garde des Sceaux, dans sa circulaire aux procureurs généraux, s'exprime ainsi :

« Les individus qui seront convaincus de s'en être rendus
« coupables continueront à bénéficier du régime de faveur
« créé par la loi du 29 juillet 1881, tant au point de vue de
« la prescription, de la non applicabilité des règles de la
« récidive, qu'au point de vue de l'influence de l'admission
« des circonstances atténuantes sur la durée de la peine.

« Le caractère anarchiste de la provocation on de l'apo-
« logie n'aura d'autre conséquence que de justifier, le cas
« échéant, la compétence des tribunaux correctionnels. »

7° L'article 38 de la loi du 29 juillet 1881 défend de publier les actes d'accusation ou autres documents de procédure avant leur lecture à l'audience.

§ 2. — *Règles différentes.*

Lorsque l'infraction a pour but *un acte de propagande publique anarchiste,* c'est le tribunal correctionnel qui est compétent.

---

en ce sens de M. Pourquery de Boisserin a été repoussé, alors même qu'il s'agirait du candidat lui-même. (Voir discussion à la Chambre de la loi du 12 décembre 1893.)

1. Voir *suprà* ce régime, page 26, note 1.

Les anarchistes n'ont qu'à se féliciter de ce traitement. La prescription sera donc de trois mois. La procédure du flagrant délit ne sera pas admissible ; la loi du 20 mai 1863 article 7 s'y oppose. M. Viviani a présenté, il est vrai, un amendement pour proscrire cette procédure. Mais il importe peu que cet amendement ait été repoussé.

L'exception d'incompétence peut être soulevée. En effet, il résulte de l'amendement Bourgeois et de la loi elle-même (art. 24 et 25 de la loi du 29 juillet 1881, modifiés par la loi du 12 décembre 1893), que le droit commun, pour les cas qui y sont prévus, c'est la juridiction du jury; on n'excepte que les actes de la nature de ceux qui sont prévus dans l'article 1er comme ayant un caractère anarchiste.

Le ministère public, comme cela se produit toujours en pareil cas, examinera le fond même de la poursuite, détaillera les renseignements, les antécédents.

Nous ne répéterons pas ce que nous avons dit de l'acte anarchiste. Les provocations directes des anarchistes à des crimes contre la sûreté intérieure de l'État échappent à la loi nouvelle et sont soumises au jury.

Dans les cas de l'article 1er de la loi du 28 juillet 1894, l'emprisonnement doit être individuel. La relégation peut être prononcée. Certaines publications ou comptes rendus sont ou peuvent être prohibés.

Nous étudierons plus loin ces dispositions particulières qui font l'objet de l'article 5 de la loi du 28 juillet 1894.

CHAPITRE III.

PROVOCATIONS PUBLIQUES, SECRÈTES, ANARCHISTES OU NON, VIS-A-VIS DES MILITAIRES.

Article 25 de la loi du 29 juillet 1881, modifié par la loi du 12 décembre 1893 et 1er et 2, §§ 3 et 4 de la loi du 28 juillet 1894.

Loi du 29 juillet 1881 et 12 décembre 1893 modifiée par la loi du 28 juillet 1894.

ART. 25. — « *Toute* PROVOCATION *par l'un des moyens* « *énoncés en l'article 23 adressée à des militaires des* « *armées de terre ou de mer, dans le but de les détourner* « *de leurs devoirs militaires et de l'obéissance qu'ils doi-*

« *vent à leurs chefs, dans tout ce qu'ils commandent*
« *pour l'exécution des lois et règlements militaires, sera*
« *punie d'un emprisonnement d'un à six mois et d'une*
« *amende de 15 francs à 100 francs.* »

Loi du 28 juillet 1894.

ARTICLE PREMIER. — « *Les infractions prévues par*
« *les articles 24, §§ 1 et 3, et 25 de la loi du 29 juil-*
« *let 1881, modifiés par la loi du 12 décembre 1893,*
« *sont déférées aux tribunaux de police correctionnelle,*
« *lorsque ces infractions ont pour but un acte de propa-*
« *gande anarchiste.* »

ART. 2. — « *Sera déféré aux tribunaux de police cor-*
« *rectionnelle et puni d'un emprisonnement de trois mois*
« *à deux ans, et d'une amende de 100 à 2,000 francs,*
« *tout individu qui, en dehors des cas visés par l'article*
« *précédent, sera convaincu d'avoir, dans un but de pro-*
« *pagande anarchiste.....*

« *Adressé une provocation à des militaires des armées*
« *de terre ou de mer dans le but de les détourner de leurs*
« *devoirs militaires et de l'obéissance qu'ils doivent à leurs*
« *chefs dans ce qu'ils leur commandent pour l'exécution*
« *des lois et règlements militaires et la défense de la*
« *Constitution républicaine.*

« *Les pénalités prévues au paragraphe premier seront*
« *appliquées même dans le cas où la provocation, adressée*
« *à des militaires des armées de terre ou de mer, n'aurait*
« *pas le caractère d'un acte de propagande anarchiste;*
« *mais, dans ce cas, la pénalité accessoire de la reléga-*
« *tion, édictée par l'article 3 de la présente loi, ne pourra*
« *être prononcée.* »

Voilà quatre genres de provocations, dont deux publiques
et directes, et deux autres, secrètes et indirectes.

La généralité des termes de l'article comprend toutes
les provocations indirectes. Elle embrasse aussi tous les

6

faits qui sont de nature à inspirer au militaire l'abandon de
ses devoirs de service, d'obéissance, de respect, etc.

Un amendement de M. Rouanet, qui voulait distinguer
entre l'obéissance en temps de paix et l'obéissance en temps
de guerre, a été repoussé avec raison.

Tout ce que nous avons dit au chapitre précédent sous les
sections n⁰ˢ 1 et 2 s'applique aux provocations publiques
dont il s'agit ici.

On se reportera aussi aux chapitres III et IV du titre III qui
s'appliquent également en entier à la propagande secrète
par provocation indirecte.

Une seule observation. La propagande secrète, par un non
anarchiste, est également réprimée.

Cette infraction n'abroge pas les articles 208, 242 du Code
militaire de l'armée de terre, ni les articles 265, 321 du
Code militaire de l'armée de mer, qui punissent de mort la
provocation par un civil, aux soldats ou matelots, de passer
à l'ennemi ou aux rebelles armés, et de deux mois à cinq ans
la provocation à la désertion.

Au cas de propagande secrète par un non anarchiste, la
peine de la relégation ne sera jamais encourue, mais le
compte rendu pourra être interdit.

Il est bien entendu que nos articles ne sont pas applicables si on détournait les militaires d'obéir à un chef qui
préparerait un *pronunciamento*.

Rappelons ce qu'a dit le général Foy en parlant de la
gendarmerie :

« On a dit que l'obéissance devait être passive. Oui, si
« elle est due en vertu de la loi.

« La loi veut que l'armée, appelée à combattre à l'étranger,
« obéisse à ses chefs ; elle veut encore qu'elle leur obéisse
« si elle est appelée à l'intérieur pour rétablir l'ordre, mais
« à une condition. Laquelle? C'est qu'elle soit appelée par
« l'autorité civile. »

Certes, on a bien fait de chercher la préservation de l'armée dans des dispositions multiples. On n'aurait pas dû
oublier qu'au-dessus de l'armée il y a la sûreté intérieure

de l'État, et que celle-ci avait plus de droit à la protection que l'armée elle-même.

C'est par amendement de M. Montaut qu'on a ajouté les mots « défense de la Constitution républicaine. »

.Voici ce qu'a dit ce député :

« A côté de ces devoirs militaïres, de cette obéissance
« passive, de cette défense du drapeau à laquelle nous nous
« associons sans réserve, il y a le respect et l'obéissance
« sans bornes dus à la Constitution, à la Constitution qui
« protège et défend, non seulement les civils mais les mili-
« taires eux-mêmes, qui sont également des citoyens. »

Cela n'était pas bien nécessaire. Nous approuvons toutefois cette addition, car nous regrettons qu'on ait aboli de notre législation les attaques contre la Constitution. Mais nous ferons remarquer que l'article 25 de la loi du 29 juillet 1881 n'étant pas modifié, il n'y aura que la propagande *non publique* à des militaires pour les détourner de leurs devoirs de défense de *la Constitution républicaine* qui soit punie. La provocation publique de l'article 25 èt de l'article 1er ne contient rien de pareil.

Le paragraphe punissant la propagande non publique, n'émanant pas d'anarchistes, a été introduit par un amendement de M. Pourquery de Boisserin.

On a pu se dispenser de parler de l'apologie, car l'apologie, comme nous l'avons vu, rentre, au fond, dans la provocation indirecte.

La provocation punie par notre article est celle qui n'est pas suivie d'effet.

CHAPITRE IV.

DISPOSITION ACCESSOIRE, RELATIVE A LA PROVOCATION ET A L'APO-
LOGIE SECRÈTES, ANARCHISTES : *Témoignage unique.*

Loi du 28 juillet 1894.

Art. 255. — « *La condamnation ne pourra être prononcée*
« *sur l'unique déclaration d'une personne affirmant avoir*

« *été l'objet des incitations ci-dessus spécifiées, si cette*
« *déclaration n'est pas corroborée par un ensemble de*
« *charges démontrant la culpabilité et expressément visées*
« *dans le jugement de condamnation.* »

Cette disposition est applicable à la seule provocation
secrète anarchiste.

On a dit : celui qui aura été le seul témoin à qui le propos
aura été tenu sera le délateur lui-même. Toutes les ven-
geances, toutes les inimitiés, toutes les perfidies se donneront carrière. L'agent provocateur s'introduira dans le foyer
domestique.

Notre texte crée des garanties contre une surprise possible. Dans sa circulaire, le Garde des Sceaux, s'adressant
aux procureurs généraux, dit :

« Dans les cas de propagande clandestine, les magistrats
« instructeurs devront se mettre en garde contre des dénon-
« ciations ou des dépositions qui seraient inspirées par la
« haine ou la vengeance.

« La condamnation ne pourra être prononcée sur l'unique
« déclaration d'une personne affirmant avoir été l'objet
« de l'une des incitations énumérées dans l'article 2. »

Un amendement de M. Viviani, portant : « Ne pourront
« être reçues les dépositions : 1° des personnes attachées au
« service de l'inculpé ; 2° des dénonciateurs », a été repoussé.

En effet, le Code d'instruction criminelle ne tient aucun
compte de la déposition du dénonciateur salarié. Quant au
dénonciateur simple, sa qualité seule suffit, pour que les tribunaux, mis en garde, apprécient avec circonspection son
témoignage.

Les charges démontrant la culpabilité doivent constituer
un ensemble et être expressément visées dans le jugement.

M. Marcel Habert avait demandé que le terme *spécifiées*
fût ajouté au mot : *visées*. Le but de son amendement. c'était
qu'on ne se contentât pas d'énumérer, mais qu'on précisât
les témoignages, les faits et les circonstances visées.

On devra suivre cette idée, car le Garde des Sceaux, répondant à M. Habert (séance du 21 juillet 1894), a dit « Que

« les mots « expressément visées » répondaient au senti-
« ment de M. Habert. »

Le mot « charges » est employé, à diverses reprises, par le
Code d'instruction criminelle. Les charges sont les circonstances, les lettres, les antécédents, les indices, les présomptions qui, venant s'adjoindre au témoignage, concourent à
établir la culpabilité.

Les renseignements de police peuvent, lorsqu'ils sont
soigneusement contrôlés, rentrer dans les charges. Il en
sera de même de la possession de journaux et brochures
anarchistes, de la fréquentation d'anarchistes, etc.

M. Gauthier de Clagny a déposé un amendement ainsi
conçu : « Dans le cas où une ordonnance de non-lieu aura
« été rendue ou un acquittement prononcé, le procureur de
« la République sera tenu, sur la réquisition de l'inculpé ou
« du prévenu, de lui faire connaître ses dénonciateurs.
« Ceux-ci seront punis conformément aux dispositions de
« l'article 373 du Code pénal. »

Il a été admis dans la discussion que l'amendement était
inutile en présence de l'article 56 du décret du 18 juin 1811,
toujours en vigueur. Les procureurs de la République et
procureurs généraux devront, à l'avenir, s'y conformer
pour les non-lieu et les acquittements, soit en cour d'assises,
soit en police correctionnelle.

MM. Charpentier et autres ont déposé un autre amendement qui a été repoussé, comme formant double emploi, avec
la dénonciation calomnieuse du Code pénal.

« Quiconque aura, par des imputations écrites ou ver-
« bales, provoqué l'arrestation préventive d'une ou de plu-
« sieurs personnes, ou donné lieu contre elles à l'ouverture
« d'une information judiciaire en les accusant d'avoir com-
« mis les délits spécifiés par la présente loi, sera, si cette
« accusation a été reconnue fausse, puni d'un emprisonne-
« ment de six jours à un an et d'une amende de 100 francs
« à 1,000 francs. »

M. Ernest Roche a également proposé, sans succès, une
disposition additionnelle :

« Tout détenteur de l'autorité, ministre, préfet, commis-
« saire, etc., convaincu d'avoir, à un titre quelconque, entre-
« tenu dans les milieux anarchistes ou révolutionnaires des
« agents provocateurs, sera condamné à la peine de la relé-
« gation dans une enceinte fortifiée et à la perte de ses
« droits civils. »

M. Sembat a déposé infructueusement un autre amendement : « Tout individu convaincu d'avoir, à un titre quel-
« conque, entretenu dans les milieux anarchistes ou révolu-
« tionnaires des agents provocateurs, sera condamné à la
« peine de la relégation et à la perte de ses droits civiques. »

CHAPITRE V.

DISPOSITION ACCESSOIRE : « RELÉGATION, CONCERNANT LA PRO-
VOCATION ET L'APOLOGIE SECRÈTES ANARCHISTES. »

Loi du 28 juillet 1894.

ART. 3. — « *La peine accessoire de la relégation pourra*
« *être prononcée contre les individus condamnés, en vertu*
« *des articles 1ᵉʳ et 2 de la présente loi, à une peine supé-*
« *rieure à une année d'emprisonnement et ayant encouru,*
« *dans une période de moins de dix ans, soit une condam-*
« *nation à plus de trois mois d'emprisonnement pour les*
« *faits spécifiés auxdits articles, soit une condamnation à*
« *la peine des travaux forcés, de la réclusion ou de plus*
« *de trois mois d'emprisonnement pour crime ou délit de*
« *droit commun.* »

« L'article 3, — a dit à la Chambre le Rapporteur, — est
« dicté par la nécessité de prendre, vis-à-vis des condamnés,
« des mesures complémentaires de défense sociale. Il auto-
« rise les tribunaux à décider, suivant les circonstances de
« la cause, si les anarchistes déférés devant eux devront
« être relégués à l'expiration de la peine.

« Nous jugeons cette mesure, la plus importante peut-être

« du projet, comme indispensable au rétablissement et au
« maintien de l'ordre. Elle répond impérieusement, non plus
« à notre préoccupation de circonscrire la contagion anar-
« chiste en faisant disparaître la propagande, mais à la
« nécessité d'en finir une bonne fois avec tous ceux qui,
« dès à présent, sont enrôlés dans l'armée du crime. »

Au Sénat, M. Trarieux a ajouté : « Pour ce qui a trait à
« la relégation, nous ne pouvions non plus ne point nous
« préoccuper de la dérogation apportée aux règles générales
« de la loi du 27 mai 1885 sur les récidivistes. Il est certain
« que la spécialité des faits à réprimer justifie pleinement
« l'idée d'une exception à ces règles ; mais nous avons tenu
« à rassurer contre la crainte qui s'est fait jour de la voir
« détournée de son but.

« Ici encore nous avons tenu à ce qu'on reconnût avec
« nous le principe qui devrait toujours inspirer les tribu-
« naux dans l'usage du pouvoir qui leur est conféré. Ils ne
« devront pas perdre de vue que si leur justice doit toujours
« être ferme, elle ne doit pas cesser d'être humaine, et
« qu'ils ne devront faire usage de cette peine de la reléga·
« tion que lorsqu'un besoin de préservation sociale paraîtra
« l'exiger. »

La relégation, au lieu d'être obligatoire, est facultative.
C'est ce qu'indique le terme « pourra. » Donc les tribunaux
tiendront compte des circonstances de chaque espèce.

La faculté de prononcer la relégation est d'ailleurs frappée
d'une double restriction.

D'abord, il faut que la condamnation appliquée par le tribunal soit supérieure à un an de prison, ce qui implique un
délit d'une certaine gravité.

Ensuite, la loi exige que le condamné ne soit pas un condamné primaire. Il faut, en effet, qu'il soit récidiviste,
c'est-à-dire que, dans les dix ans antérieurs, il ait été l'objet
d'une des condamnations énumérées dans l'article 3.

« La relégation sera édictée contre tout individu qui,
« condamné à une peine supérieure à une année de prison
« pour les faits spécifiés dans les articles 1er et 2, aura

« encouru antérieurement, dans une période de moins de
« dix ans, soit une condamnation à plus de trois mois de
« prison, en vertu desdits articles, soit une condamnation
« à la peine des travaux forcés, de la réclusion, ou de plus
« de trois mois d'emprisonnement pour crime ou délit de
« droit commun. »

M. Camille Pelletan (séance du 23 juillet 1894) a insisté
sur la relégation, qu'il a représentée, telle qu'elle est appliquée, comme une simple variété de la peine des travaux forcés et comme équivalant à la peine de mort.

On a demandé vainement à la Chambre que la relégation
fût prononcée seulement par le jury, et en tous cas que le
nombre de condamnations établissant la récidive fût aug-
menté.

Également, on a proposé, sans succès, de ne pas soumettre
les condamnés à la relégation collective, et en tous cas de
ne pas les envoyer à la Guyane. De même, un amendement,
tendant à limiter à cinq ans la peine de la relégation, n'a
pas été adopté.

Toutes les dispositions de notre Droit étant applicables,
lorsqu'elles ne viennent pas heurter les dispositions de la loi
actuelle, il s'ensuit que, sauf les principes particuliers qu'elle
pose, la loi du 27 mai 1885, loi organique de la relégation
sera applicable. Ainsi, il faudra, notamment, choisir un
avocat d'office; la relégation ne sera pas applicable aux
personnes âgées de moins de vingt et un ans ou de plus de
soixante ans, à l'expiration de leur peine.

Ceci résulte d'un discours de M. Brisson et d'une réponse
du Rapporteur dans la séance du 25 juillet 1894.

Malgré la faculté donnée aux tribunaux, on ne peut s'empêcher de reconnaître ce qu'a de redoutable le pouvoir de
prononcer la relégation d'un condamné comme accessoire à
la peine principale, lorsqu'il y aura eu une précédente condamnation à un an et un jour.

M. Lasserre, rapporteur, a donné les motifs de cette dérogation :

« Condamner un anarchiste à un nombre plus ou moins

« grand de mois ou d'années de prison, c'est faire momen-
« tanément disparaître le danger, ce n'est pas le supprimer.
« L'individu emprisonné sortira de prison à l'expiration de
« sa peine plus haineux, plus excité encore contre la société,
« à laquelle il dénie le droit de répression. Le châtiment,
« loin de l'amender, l'aura rendu plus dangereux.

« La relégation permettra de purger le territoire d'êtres
« qui constituent un danger public. »

CHAPITRE VI.

DISPOSITION COMMUNE A LA PROVOCATION PUBLIQUE ET SECRÈTE
ANARCHISTE ET A L'ASSOCIATION DE MALFAITEURS : EMPRISON-
NEMENT INDIVIDUEL.

Loi du 28 juillet 1894.

ART. 4. — « *Les individus condamnés en vertu de la
« présente loi seront soumis à l'emprisonnement indivi-
« duel, sans qu'il puisse résulter de cette mesure une
« diminution de la durée de la peine.*

« *Les dispositions du présent article seront applicables
« pour l'exécution de la peine de la réclusion ou de l'em-
« prisonnement prononcée en vertu des lois du 18 décem-
« bre 1893 sur les associations de malfaiteurs et la déten-
« tion illégitime d'engins explosifs.* »

Cette mesure permettra de soustraire les autres condamnés
à un contact dont les dangers ont été maintes fois signalés.
L'existence en commun permettrait aux anarchistes de con
tinuer leur propagande dans l'intérieur de la prison, et cette
propagande serait d'autant plus efficace, que le milieu dans
lequel elle s'exercerait serait plus favorable à son développement.

Il ne faut pas que les préaux et les ateliers des maisons
centrales ou de correction deviennent des lieux de contagion.

L'emprisonnement individuel ne réduira pas la peine. On
a rejeté les amendements présentés contre cette disposition.

CHAPITRE VII.

DISPOSITIONS COMMUNES A LA PROVOCATION PUBLIQUE ET SECRÈTE
ANARCHISTE ET S'ÉTENDANT A TOUTES LES AFFAIRES AYANT UN
CARACTÈRE ANARCHISTE. — PUBLICATION DES PIÈCES DE PROCÈ-
DURE ET COMPTE RENDU DES DÉBATS.

Loi du 28 juillet 1894.

ART. 5. — *« Dans les cas prévus par la présente loi et*
« dans tous ceux où le fait incriminé a un caractère anar-
« chiste, les Cours et Tribunaux pourront interdire, en
« tout ou partie, la reproduction des débats, en tant
« que cette reproduction pourrait présenter un danger
« pour l'ordre public.

« Toute.infraction à cette défense sera poursuivie con-
« formément aux prescriptions des articles 42, 43, 44 et
« 49 de la loi du 29 juillet 1881 et sera punie d'un em-
« prisonnement de six jours à un mois et d'une amende de
« 1,000 à 10,000 francs.

« Sera poursuivie dans les mèmes conditions et passible
« des mèmes peines toute publication ou divulgation, dans
« les cas prévus au paragraphe 1er du présent article, de
« documents ou actes de procédure spécifiés à l'article 33
« de la loi du 29 juillet 1881. »

§ 1er. — *Considérations du Rapporteur.*

Dans son rapport à la Chambre des députés, M. Lasserre
a dit :

« L'article 5 permet l'interdiction totale ou partielle de la
« publication des débats quand le fait incriminé aura un
« caractère anarchiste.

« Cet article a déjà provoqué de nombreuses récrimina-
« tions ou critiques.

« Il est donc nécessaire de nous en expliquer clairement.

« La rédaction que nous vous soumettons, qui est celle du
« Gouvernement, n'organise pas le huis clos. Il reste entendu
« que l'audience, conformément à la législation de droit
« commun, reste publique. Ainsi tombe l'objection principale
« de nos contradicteurs, qui représentent la publicité comme
« la garantie fondamentale des procès criminels ou correc-
« tionnels, si tant est qu'on puisse prétendre que le respect
« des garanties est dû davantage à l'atrocité hors nature du
« fauve de l'anarchie qu'à l'individu poursuivi à raison d'un
« acte public contre la pudeur, ou d'un article diffamatoire,
« ou d'un procès en séparation.

« L'article 5 ne vise pas la publicité, mais la publication
« des débats.

« Et encore, nous appelons l'attention de nos collègues sur
« ces mots : « En tout ou en partie. » Qu'est-ce à dire, sinon
« que la Cour ou le Tribunal auront simplement la faculté
« d'interdire la publication de telle ou telle partie du débat
« s'il leur paraît que cette publication peut troubler l'ordre
« public ?

« Est-ce là une mesure réellement efficace et indispen-
« sable ? Nous n'hésitons pas à le penser.

« Il ne nous paraît pas contestable qu'il soit nécessaire
« d'empêcher que les accusés ou prévenus anarchistes se
« fassent de la Cour ou du Tribunal une tribune publique
« pour lire des documents que les journaux reproduisent à
« des millions d'exemplaires et qui servent au premier chef
« la propagande anarchiste.

« Le Gouvernement attache, du reste, une très réelle
« importance à cette interdiction facultative de la reproduc-
« tion de tout ou partie des débats.

« Nous nous associons pleinement à sa manière de voir,
« et nous pensons avec lui qu'il est grand temps d'empê-
« cher ce nouveau genre de propagande, non certes le moins
« actif, puisqu'il a pour auxiliaire la plus large publicité
« possible. »

On le voit, ce texte se rattache aux considérations que
nous avons développées au titre Ier, chapitres i, vi et vii.

§ 2. — *Du huis clos.*

Il ne s'agit donc pas de huis clos.

Cependant, dans notre législation on a le droit de le prononcer toutes les fois qu'il apparait aux juges que la publicité est de nature à nuire à l'ordre et aux bonnes mœurs. (Art. 87 de la Constitution de 1848.)

Notre article 5, selon nous, ne déroge pas à cette règle qui reste toujours applicable. Mais comme par une inadvertance du législateur, la publication des débats, malgré le huis clos prononcé, n'est sanctionnée par aucune peine, il vaudra mieux recourir à l'interdiction du compte rendu.

§ 3. — *Des débats sur l'incompétence. — De l'interdiction totale ou partielle.*

On a rejeté un amendement de MM. Humbert et Pétrot ainsi conçu : « Cette interdiction ne pourra s'étendre aux « débats préliminaires, portant sur le point de savoir si le « fait incriminé a un caractère anarchiste. »

Cette interdiction s'appliquera donc aux débats sur la compétence, soulevés lorsqu'il s'agira de poursuites en vertu de l'article 1er; quant à l'article 2, on ne pourra jamais soulever d'incompétence, à moins qu'on ne soutienne que les propos ou écrits ont été publics, ce qui les ferait rentrer dans l'article 1er. En effet, quand il s'agit de l'article 2, nous avons dit plus haut que le caractère anarchiste est un élément essentiel et constitutif.

L'interdiction peut être totale ou partielle, et intervenir à un moment quelconque de la procédure, au début, au milieu, à la fin, par incident préalable ou postérieurement à l'incident. On a rejeté un amendement de M. de Ramel demandant qu'il fût statué immédiatement.

§ 4. — *Quelle devra être l'attitude du ministère public?*

La discussion qui a eu lieu dans la séance du 17 juillet 1894 permet de préciser le sens de la loi. Voici ce qu'a dit M. de Ramel :

« Il est inadmissible que pour trois mois de prison un
« anarchiste puisse s'offrir la publicité à plusieurs millions
« d'exemplaires d'un discours qu'il aura soigneusement pré-
« paré. Vous nous proposez une disposition qui a un carac-
« tère singulier. Voici par exemple une audience qui ouvre
« à onze heures : les débats commencent, puis vient l'inter-
« rogatoire de l'accusé et des témoins jusqu'à quatre heures.
« Les journalistes sont là et prennent des notes. A quatre
« heures ils partent rapidement pour aller donner leurs
« renseignements aux journaux du soir qui paraissent de
« quatre heures trente à cinq heures trente. L'audience se
« poursuit, et à sept heures du soir, M. le Président après
« avoir consulté ses collègues, ayant réfléchi et jugé que ces
« débats gagneraient à ne pas être reproduits, ordonne qu'il
« sera défendu de les publier. Mais la publication aura été
« faite, dès avant la clôture de l'audience, de bonne foi, et
« dès lors vous ne pourrez pas poursuivre ces journaux. Ce
« sont ceux qui paraîtront plus tard ou le lendemain matin
« qui devront se taire, tandis que les autres auront pu
« parler.
« Il n'y a qu'un moyen, c'est de dire que le tribunal
« pourra, séance tenante et sur incident provoqué par le
« ministère public, faire obstacle à la publication, et ce, par
« une décision immédiate rendue sur l'incident lui-même...
« La publicité sans la publication des débats n'est plus
« qu'une publicité illusoire. La presse est le véritable réper-
« cuteur, le véritable organe de la publicité judiciaire. »
Le Rapporteur. — « Je suis complètement d'accord avec
« M. de Ramel. Les observations qu'il a présentées, la Com-
« mission les accepte volontiers. »
Cela résulte encore des déclarations du Garde des Sceaux

(séance du 24 juillet 1894). S'il est établi que la publication a précédé l'interdiction, il n'y aura ni poursuite ni condamnation.

Mais comme il peut être difficile à un journaliste de savoir quand l'affaire ou les débats auront un caractère anarchiste, il sera, dans la pratique, plus rationnel que le ministère public prenne des réquisitions et que les juges statuent. A défaut, nous conseillerions au président de mettre en garde les membres de la presse contre le danger d'une reproduction.

Notre article ne prive pas seulement de publicité les procès intentés en vertu de la loi; il vise aussi tous ceux où le fait incriminé a un caractère anarchiste. Il s'appliquera donc aux Cours d'assises, à toutes les juridictions pénales, quand même il ne s'agirait ni d'apologie, ni de provocation. C'est ce qui est arrivé pour le procès de Caserio, coupable d'assassinat et non de provocation.

Les mots « *danger pour l'ordre public.* » ont été inutilement combattus par M. Viviani qui voulait y substituer par amendement ceux : « ou le fait incriminé a un caractère anarchiste. » Il s'agit, en effet, d'interdire la reproduction de déclaration d'experts par exemple, au sujet de fabrication d'explosifs.

§ 5. — *Des journaux étrangers.*

L'article 5 ne permet pas de poursuivre les journaux qui reproduiront les débats complets d'un procès anarchiste à l'étranger.

D'un autre côté, les journaux étrangers reproduisant les débats d'un procès français, apporteront en France ce que l'on a voulu y interdire. Il est vrai que le Ministre de l'Intérieur peut les saisir, les arrêter à la frontière ou les caviarder. Le Garde des Sceaux (séance du 24 juillet 1894) a dit que ne pouvant poursuivre ni l'auteur ni l'imprimeur, on poursuivrait les vendeurs et distributeurs.

Les débats interdits d'un procès anarchiste seront télégraphiés le jour même, quelques minutes après l'audience, au *Times*, de Londres ; à l'*Indépendance belge*, de Bruxelles ; à la *Frankfurter Zeitung ;* au *Journal de Genève;* au *Secolo*, de Milan, etc., et le lendemain matin, à la première heure, les express postaux, sur les chemins de fer du Nord, de l'Est et du P.-L.-M., apporteront en France, par ballots, les exemplaires de tous ces journaux, contenant *in extenso* le compte rendu frappé d'interdiction, et par cela même, excitant d'autant plus la curiosité du public.

A l'occasion du procès de Caserio, l'*Indépendance belge* a été saisie.

Quant aux poursuites contre les vendeurs et distributeurs, elle est possible, en vertu de l'article 60 du Code pénal. Il faut réfléchir, pourtant, qu'il sera souvent difficile à une marchande de journaux du boulevard, ignorante de la langue anglaise, de savoir, *a priori*, si le *Times* qu'elle débite contient un compte rendu prohibé. Tout dépendra des circonstances : envoi inusité de numéros, affluence d'acheteurs, etc.

La décision sur l'interdiction de reproduction est sans appel et sans recours à cassation.

La reproduction des jugements ou arrêts ne peut jamais être interdite. Il en est ainsi, même au cas de huis clos prononcé. Cela résulte des observations du Garde des Sceaux et du Commissaire du Gouvernement, dans la séance du 24 juillet 1894.

Toute infraction à la défense de reproduction des débats est punie de six jours à un mois et d'une amende de 1,000 à 10,000 francs.

La poursuite a lieu en vertu et conformément aux règles tracées par les articles 42 à 44 et 49 de la loi du 29 juillet 1881. (Régime privilégié de la presse).

§ 6 — *De la publication des pièces de la procédure.*

On sait qu'en vertu de l'article 38 de cette loi, il est interdit de publier les actes d'accusation et tous actes de procédure criminelle ou correctionnelle *avant qu'ils soient lus en audience publique*, et ce, sous peine d'une amende de 50 francs à 1,000 francs.

Mais aucune prohibition n'était édictée, après que la lecture avait eu lieu en audience publique. Le § 3 de notre article complète l'article 38. Il défend, lorsque le fait incriminé a un caractère anarchiste, dans tous les procès prévus par notre loi et dans tous autres, de reproduire, même après lecture, les documents ou actes de procédure dont parle l'article 38. C'est encore la loi de presse qui est applicable pour la responsabilité et la poursuite. La peine est de six jours à un mois et d'une amende de 1,000 à 10,000 francs.

Dans sa circulaire, le Garde des Sceaux a dit aux procureurs généraux :

« Les tribunaux ne devront pas hésiter à interdire la
« reproduction des débats toutes les fois que cette reproduc-
« tion totale ou partielle leur paraîtrait de nature à pouvoir
« favoriser le développement de la propagande anarchiste.

« De votre côté, dans le cas où, au mépris de la défense
« prononcée par les tribunaux, la reproduction des débats
« aurait lieu, vous ne manquerez pas de provoquer contre
« les contrevenants l'application, rigoureuse des pénalités
« édictées par l'article 5. »

CHAPITRE VIII.

DES CIRCONSTANCES ATTÉNUANTES. — DE LA LOI BÉRENGER. —
INSTRUCTIONS DU GARDE DES SCEAUX.

Loi du 28 juillet 1894.

ART. 6. — « *Les dispositions de l'article 463 du Code*
« *pénal relatif aux circonstances atténuantes seront appli-*
« *cables à la présente loi.* »

Le Rapporteur (séance du 7 juillet 1894) a déclaré qu'il était bien entendu que la loi Bérenger s'appliquait.

La loi n'est pas limitée; elle s'applique en tout temps, même pendant la période des élections.

Voici les recommandations adressées aux Parquets par le Ministre de la Justice :

« Il ne vous échappera pas, Monsieur le Procureur géné-
« ral, que la loi du 28 juillet 1894 risquerait de demeurer
« inefficace si vous n'apportiez à en assurer l'application
« autant de vigilance que de fermeté. Mon honorable pré-
« décesseur, en signalant les modifications qui venaient
« d'être introduites par les lois des 13 et 18 décembre 1893
« dans notre législation pénale, rappelait que pour com-
« battre efficacement la propagande anarchiste, les magis-
« trats et les fonctionnaires de l'ordre administratif doivent
« se prêter un mutuel concours.

« Je ne saurais mieux faire que de vous inviter à suivre
« strictement ces instructions. J'ai le ferme espoir que, grâce
« à l'action énergique et continue des Parquets, la loi du
« 28 juillet 1894 produira tous les résultats utiles que le
« pays a le droit d'en attendre. »

TABLE DES MATIÈRES

Toulouse, Imp. DOULADOURE-PRIVAT, rue St-Rome, 39. — 2732